幸福在轉角

Gracie
施羽◎著

Contents

目錄

PART 2
重整人生，修復關係

Contents
目錄

PART 3 活出更美好，幸福自然來

PART 4
三個寶貝，都是這樣長大的

【出版緣起】

最美好的安排

林小鈴／城邦原水文化總編輯

「妳為什麼會找施羽出書？」

確實從我主動鼓勵施羽的寫作過程中，無論認識或不認識她的人，都很想了解出版者的動心起念為何？

我並不驚訝！因為施羽並非知名人物，只因大家聚焦在她的前一段婚姻才讓她偶然成為媒體追逐的對象。不可否認，起初我也是基於好奇，在網路上搜尋相關報導才得知她的過去。

並非我獨具慧眼想出版她的書，與其同時其實也有幾家出版社對她有興趣，只是我第一時間開口跟她邀約說明：「第一、因為我的孩子跟妳三個孩子熟識，我也因此跟妳的孩子有機會互動，近距離了解這三個孩子的人際關係與課業學習等，確實讓人印象極佳；第二、我上臉書〈他們都是這樣長大的〉觀察妳所分享的親子關係與教養心得，還挺有感覺，一點也不輸教養專家；我也看到有諸多網友回饋很受用，希望妳能出書分享！」

【出版緣起】最美好的安排

那是一年半前，我鼓勵從小就教導孩子讀聖經的施羽出書；孰料上帝的美意，要她接下教會青少年的輔導牧養工作，衡量輕重緩急，出書進度自然延後，一拖又一年過去，卻訝異已是年過四十好幾，身為三個孩子媽媽的施羽，竟然越發光彩亮麗，更重要的是，信仰的力量幫助她拒絕負面思維，很快走出婚變陰霾，恢復單身後，更把上帝在她少女時代就賦予音樂創作的才華，得以盡情展現，在專業上發光發熱！

誰說女人失婚就失去盼望？失去學習成長？失去幸福？施羽不僅孩子教得好，身心靈保養得宜，更不斷充實自我，喜樂付出！祝福她即將開展的下半場人生，有著上帝最奇妙的作為！

「為何找施羽出書？」原因很簡單，希望有幸閱讀的女性讀者能有所啟發與共鳴，也同樣活出更美好的人生！

【推薦序1】

愛與祝福的延續

紀寶如／資深藝人&台灣優質生命協會祕書長

時間過得真快，我和施羽認識也有八九年了。二〇一〇年，我是臺灣優質生命協會的祕書長，原任理事長徐風當時因病治療，對於協會事務實在心有餘而力不足，再加上碰巧遇上一年一度的〈愛傳承關懷演唱會〉籌備期，我便想邀請施羽的前夫接下理事長職務。因緣際會下，我與當時擔任經紀人的施羽見了面。

對施羽第一眼印象，就是賢妻良母。她是一個非常有禮貌的人，見了人總是掛著微笑，即使不相識也會點頭致意。除此之外，我還看見她對於公益的熱衷與熱情，在我向她說明緣由，並請她代為提出邀約時，她第一時間表示支持，還答應會全力PUSH。果然，不到兩個禮拜，就收到好消息了。

幾次接洽下來，我逐漸發現施羽低調內斂、體貼賢慧的個性。在工作上，她是個稱職的藝人經紀；在婚姻裡，她則是個謙卑順服的妻子。於公於私，她都是先生背後最有力的支撐與後盾。無奈種種因素影響，他們無法成為彼此最終伴侶，十五年的婚姻不得不畫下句點，鶼鰈情深的畫面已不復見。

離婚初期，施羽獨自帶著三個年幼的孩子，待在人生地不熟的加拿大。那陣子，我常與她通電話，期待多少給她一些安慰。我知道，那時的她雖然失落，卻絲毫不表屈服，因為她曉得，三個孩子需要媽媽的照顧與陪伴。還記得，她告訴我，「無助的我，只能倚靠神了」，信仰讓她重新得力。同樣身為女性、母親的角色，我深受感動，由衷佩服。

施羽一直都是上帝良善的寶貝女兒，三個孩子也都在神的祝福下長大。回到臺灣定居之後，施羽服事教會更是不遺餘力。或許因為年少的自己缺乏家庭溫暖的遺憾，她格外致力於青少年的輔導工作，將小組裡的每個孩子視如己出，給予最充足的關懷與包容，跟他們當朋友，帶領他們安心放心地度過這個成長過程中關鍵卻尷尬的時期。

歷經神的恩典的施羽，再次找到屬於她的幸福。對我來說，這是她完全配得的。看著她在苦痛當中愈來愈堅強，不僅讓自己勝過心中苦楚，也把三個兒女拉拔長大（還三個都多才多藝、善解人意）。最重要的是，施羽把一切歸功於上帝，她期待透過文字，將這份愛與祝福延續下去，擴散到每個需要的人的心中。恭喜施羽出書了，我以她為榮。

【推薦序2】

感謝主造就出今天的女作家、音樂人

高怡平／節目主持人

如果說：「男怕入錯行，女怕嫁錯郎。」哇！嫁錯郎等於這女人就完蛋了！真的嗎？Really？

認識施羽不到一年的時間，第一印象是她好漂亮，頭腦冷靜、穩重大方。那天錄影內容聊到她在加拿大帶三個孩子時，在網路上分享烹飪、生活及帶孩子的甘苦。當時覺得施羽很會分配時間，文筆好，是美女，也非常愛上帝。

錄影後不久，有演藝圈內朋友聊到某台語歌王又要再婚，其中一位說：「她前妻剛來上過我們的節目啊！」原來是施羽，她還是三個孩子的媽媽。

施羽獨自面對婚姻離異，一人在異國帶孩子，諸多種種不堪從看似不幸變成奇遇。從上帝的話語中得到安慰、智慧與勇氣。扭轉絕望的失婚狀況，變成充滿著盼望的全新自己與生活。

在這本書中，施羽一句一句的與讀者分享如何從絕望中重新站起來，對於「被離婚」，她雖然痛苦，但是卻沒有因此在孩子面前破壞孩子與父親的關係，讓孩子依然感受到雙方父母的愛與存在。

聽過施羽的故事後，我為她抱不平（真的很想罵幾句），但施羽會回過頭來安慰我說：「要祝福她的前夫。」

施羽一一道來從跌倒谷底完全沒有盼望的黑暗日子，靠著主的帶領站起來，造就出來今天的女作家、音樂人、神的女兒。

只要在主裡，萬事都有可能。人有擔憂總有一失，但凡事交給主，就萬無一失。

很開心施羽完成了這本《幸福在轉角》，她也同時又遇到了幸福。

在此祝福她與高先生，幸福美滿，福杯滿溢，平安喜樂永遠與你們同在！

果然沒錯，幸福就在轉角！

【推薦序3】

因著信仰重拾盼望，緊緊抓住上帝，轉彎遇見愛

鄭忠信／《基督教論壇報》社長

從二〇一八年五月二十一日之後，我們要改口叫施羽為「高太太」了！她曾失婚、成為單親媽媽，因著上帝的帶領，讓她在教會遇見「承諾可以走一生的人」，他們決定彼此要互相陪伴，攜手共度人生下半場。本身是歌手也是教會職場宣教士的施羽說，她會把服事的觸角從服事基督徒，延伸至「福音未得之民」，特別是失婚的婦女、單親家庭的子女以及正在目前的婚姻關係中感到沮喪、挫敗的人群，跟他們分享經驗，幫助他們重新站立，幫助很多和她以前同樣困境的人。

她說：「我雖然經歷失婚之苦，但我從來沒有對婚姻失去盼望，一直在禱告中等候神預備可以一起走人生下半場的那個人！」

之前施羽就曾告訴我，她計畫寫一本親子教養書，當時我並未特別放在心上，但當我再見到她時，發現她當初並非隨口說說，而是立刻付諸實踐，完成這本《幸福在轉角》，談她從名

歌王妻子到失婚婦女、單親媽媽，再遇見愛，決定重新步入婚姻的心路歷程。我真心相信這本精彩的人生故事，值得閱讀參考，也可分享鼓勵更多有類似苦惱的朋友。

正如施羽說，在人生的某些階段，有些人會選擇從你身邊離開、有些人會選擇向你靠近，不管是離開或靠近都沒關係，但一定要抓住主的應許，耶穌一直都沒有離開放棄你。那些在人看是失去或得到的，在她看來都只是一個選擇而已，感謝主，因著信仰的幫助，她沒有被困難所捆綁陷在悲情中，她試著把這些經歷寫出來，是要鼓勵失婚婦女及獨力教養子女的單親媽媽們，「妳值得被愛，永遠不要放棄，再堅持走一哩路轉個彎，幸福也許就在轉角」。她今天可以有一個美好未來，除了靠著基督信仰，就是擦乾眼淚站起來讚美主，為主做更多見證，使「他」愛慕她，而追求一起建立美好的家一起服事神。

〈詩篇〉一四六篇中說：「你們要讚美耶和華。我的心哪，你要讚美耶和華。我一生要讚美耶和華。我還活的時候，要歌頌我的神。……耶和華保護寄居的、扶持孤兒和寡婦。……」

【作者序】

活出自信亮麗的人生

那天某週刊突然來電說，我的前夫再婚了！哇！what a good news!!! 因為孩子們若知道了，除了會和我一樣驚訝外，從此應該就能減少心疼父親的孤單。想著想著，真是覺得感恩，我心頭上的重擔似乎也在同時間卸落，輕鬆了許多。

猶記我還在失婚的痛楚期時，兒子為了安慰我和他的妹妹們，總是當著一家人的面說：

「媽咪，我覺得把鼻比較可憐耶！因為我們有四個人一起過生活，而他只有一個人。」

偶爾全家正在晚餐時，最小的老三也會自言自語的叨念著：

「把鼻都要自己煮飯，也沒人跟他一起吃。」

我常心疼孩子們那種早熟的擔憂，也想不通這些未成年的小大人，怎能這般體恤父親？縱使先前爸爸曾不告而別，讓孩子們失望、心痛，但如今反倒他們沒去計算先前的痛，而一味的替父親著想。或許這就是血肉至親、親子連心的緣故吧?!我能感受到孩子對父親的愛與思念，所以盡力的撇開自己與孩子的爸爸情感糾結，小心的處理離婚的後遺症，然後不去破壞或故意隔離孩子與父親之間的愛。

曾有人稱讚我很偉大，但其實我一直認為，這本來就是為母的我應該做的，也是我唯一想留給兒女一生的典範：寬容、憐憫、饒恕、慈愛、扶持與幫助。

其實我和大多數失婚的過來人相同，在事發的第一時間因為情感傷害而身心受創。感覺像是遭逼迫、被羞辱，在當下對人性灰心、失望，也對自己的人生充滿挫敗感；沮喪、憤怒、焦慮、恐懼未來，甚至痛苦到想死。當時負面的思想折磨著我，讓我自己感覺永遠不會找到出路。層層的羞愧與恥辱壓迫著，讓我重重的跌落人生谷底。這種特別的經歷一度拿走我天生脫線的樂觀，也曾痛不欲生的想自殘。

在幾位知道內情的牧師、姐妹、朋友的陪伴下；在許多弟兄姊妹同心的代禱下，**我選擇以「忘記背後」取代「流淚自憐」，我省下「頻頻回顧」的時間，用來「努力向前」**。拿走自己的顏面、誠實的面對自己的感覺、不壓抑情緒、接受現實的催逼、突破自我的限制、改變舊有的習性……。我做了許多人認為不可能的事：**饒恕傷害我的人**、**祝福得罪我的人**。這些行動卻很意外的為我的生命帶來希望，讓我得到醫治與修復。感謝上帝的看顧，我不僅戰勝了恐懼，也在幾經磨難後重新開啟人生的另一章節。孩子們身心健康喜樂，愛我的父母、好友們也都替我感到欣慰。

從失婚到單身，乃至再婚，從挫折迷惘到明朗自信。回頭一望，舊事已過，一切更新。我的人生新藍圖，正一步一步積極的構築。現在的我很幸福，即使不是樣樣都有，卻也樣樣不缺。而這些「有」，都很關鍵、也很寶貴：

有神、有同伴、有閨蜜、有知音、有兒有女、有幫助；有自信、有熱情、有動力、有夢想、有健康，也有顆始終感恩的心。

如此能為過去感恩，我知道在我的生命中還『有神蹟』！

許多朋友這樣跟我說：

「妳的苦日子終於過去了，終於輪到妳幸福。」

我不為此得意，卻為過去那段被熬煉之後濃縮出來的結果感謝。感謝過去婚姻給我的學習、感謝前夫十多年在婚姻中的努力。感謝孩子願意選擇在真理中成長，感謝我的父母、朋友、牧長無條件的愛與陪伴。感謝所有在背後祝福支持我們家庭的每個人，更感謝上帝讓我擁有每一個『擁有』。

這些年來，我在臉書〈他們都是這樣長大的〉粉絲專頁偶爾分享我和三個正處青春期孩子的日常生活點滴，引起許多朋友的共鳴與迴響。他們鼓勵我出書分享給更多在親子溝通方面有困擾的父母，也希望我的成長改變能幫助正處人生低谷的人，也能看見亮光，逆轉人生。

有人說：「女人，不需要強，只需要嫁對人。」

而我認為：「女人不需要假裝堅強，但是需要很多的膽量。」

勇於改變過往、勇於嘗試挑戰與突破、勇於面對衝擊與困難、勇於承擔責任、勇於戰勝挫折、勇於選擇也勇於接受失敗。失敗並不可怕，因為在失敗的背後，已累積了無數成功的基礎，相信走過苦難的道路之後，幸福就在轉角不遠之處。

PART 1

放過自己 戰勝自己

Chapter 1

突來的風暴

回到加拿大時間二〇一四年的三月，那時，人在溫哥華家中的我，一如往常在飯後收看電視新聞台，卻驚見電視上正在播報著跟我有關的消息。我突然愣住！因為當下這則新聞對我的衝擊太大了，讓我一時不知所措，只覺得倍受羞辱。我的前夫竟在我不知情的狀況下，透過媒體發表離婚聲明。

「明明我們目前是分居狀態，他才離開我和孩子幾個月，怎麼會這樣？」

當時我立刻拿起電話撥打，急著想找他弄清楚，究竟這是怎麼一回事？不會是為了唱片宣傳製造出來的假消息吧？只是電話那頭怎麼打都沒回應，而我的心情卻急到慌亂，瞬間感覺自己怎麼會變得如此悲慘？

接下來，我和孩子們該怎麼辦？

突然來的風暴讓我心慌意亂，不知道該怎麼處理。尤其面對親友的關心詢問，讓我的壓力更大。遠在台北的那一端，實際的狀況我根本無從得知，卻還要應付一通通從世界各地打來的電話，當時我好希望能有個知情的人願意告訴我真相。慌亂的瞬間，前所未有的恐懼把我天生一股傻兒的自信心徹底擊垮了。

更讓我忐忑不安的是，不管我電話怎麼打，就是找不到孩子的爸爸。時間一分一秒的過去，淚水沒停的擔心先生不明的行蹤，難不成如連續劇般？他的行動被人控制、或是有什麼逼不得已的原因讓他非要這麼做？事發多日，雖一直透過親友們幫忙協尋，但那曾和我結縭十多年的丈夫，竟然就此音訊全無了。

一天一天的過去，從白天到夜晚，再從黑夜到天亮。終日惶惶，在茫然中鑽牛角尖的胡思亂想，也只能用眼淚宣洩說不完的無奈和委屈。

究竟是單純外遇？是被挾持？還是被人綁架？當時心中強烈的渴望，不停的禱告，拜託上帝能在此刻介入救救我，最好能快點扭轉這種爛局勢，順便也打消我強烈負面、隨時想輕生的念頭。

只要妳穩住，妳的孩子就穩住了！

結婚以來，都由我負責照顧孩子、打理雜務，反倒是許多重要的決定才仰賴孩子的爸爸，特別是經濟來源。突如其來被宣判離婚之後，往後我得獨自扛起一家之主的重責大任了。想到這裡，眼淚又奪眶而出。因為這三個不大不小的孩子，他們今後的成長之路將會是我這個媽媽全權要負責的。我好害怕靠自己一個人沒有能力養大孩子，也怕若沒把孩子照顧好會被人責怪。瞬間那種被迫承擔責任的恐懼感，讓我崩潰了！

我想逃避、不想面對現實的壓力，一直持續了好幾天，一想到就難過痛哭，心臟也會突然有一陣陣的刺痛感，緊繃的情緒更讓心臟亂跳個不停。也不知持續哭了多少回，幾次不小心被孩子看見傷心難過的媽媽，他們就立刻圍了過來，用一雙雙的手臂緊緊地環繞我，一直開口為我禱告到平靜不哭為止。我心裡也因為擔憂孩子們會太擔心我，所以總是強迫自己在他們安撫我時，壓抑自己激動的情緒，等他們都放心的離開後，再偷偷躲進衣帽間裡哭，痛痛的再把心裡的委屈發洩個過癮。

不知這樣耍著性子哭了幾天後，我漸漸開始感覺心臟無力，也出現了平常沒有的睡眠障礙，這時才意識到原來過度的傷心，已經嚴重的影響到健康了。只是那陣子怎樣就是吃不下又睡不著，負面情緒不斷來襲，每時每刻都在侵蝕我的身心，哪來的開心喜樂可言呢？

正在我糾結、過不去、隨時有想死的念頭出現的傍晚，我無意識的打了一通電話回台灣訴苦，而掛完這電話之後，才讓我從沮喪失意中頓時恢復理智。

電話那頭是黃國倫牧師，他除了安慰我，也語重心長的點醒我：

「施羽，不要慌亂，妳要穩住！只要妳穩住，妳的孩子就穩住了。」

將近半小時的通話，牧師安慰我、勸勉我的話很多，我卻只牢牢的記住這句。當時我像極了駕駛著汽車的司機，載著一家大小卻不小心睡著的迷糊蟲，在經過一小段時間瞌睡後，瞬間被喇叭聲驚嗅醒來。

「我怎會為了丈夫失蹤這突然來的意外差點忘了我的責任？我還有三個孩子要照顧啊！」

牧師這通越洋電話有如當頭棒喝，我恢復理智性的思考，然後立刻痛下決定：

「我不要再耍性子流淚了。不要再茶飯不食，糟蹋自己的身體了。不要再忘記自己身為母親的職責、甚至也不再尋找刻意躲避我的丈夫、更不想再追究事發原因了。」

我強迫自己用非常人的逆向思考，先試著一次一次的穩住情緒，並決定要在最快的時間內恢復正常的生活。

救我一命的理性思考

事發短短十天內，我的身心狀況已經糟到快垮，若我再不振作，那麼我和孩子恐怕會失去更多……

失去熱情

當時的我根本無法發自內心的以笑臉迎人，對所有的事物失去興趣，一點也快樂不起來。記得當時面對人群時，我若不是掩藏傷心的感覺，就是戴上面具，用冷漠來武裝自己。我若不是強顏歡笑，就是恍神思考，讓知情的朋友也不知道怎麼安慰、怎麼靠近我。那生活中原來該擁有的快樂，也同時在我對人、對事物失去熱情時一併失去了。

失去安全感

當孩子們看到原本凡事能一肩扛起的母親，如今卻不堪一擊、一蹶難振，對年幼的孩子而言，父親已經失蹤了，唯一的靠山若再倒塌了，就會如臨大敵般的驚惶、沒有依靠。甚至在他們稚幼未成熟的心靈，也會因為擔憂未來以致身心不健全發展。

失去自信心

我因為失婚、因為情感的傷害，也開始質疑自己的價值。因為許多人的觀念認為失婚就等於失敗、是人生的一個汙點。偏偏我自認付出許多心力在這個婚姻，最後竟然還失敗，自信心怎麼可能不被擊垮？每天睡前，我都會天真的希望自己一覺醒來後就失去記憶，可以不再記得那想到就令人困窘痛苦的回憶。

失去平安、恐懼未來

一般婚姻正常的人對未來多少都會擔憂了，更何況是當時的我。我常常自己嚇自己，縱使芝麻小事也神經兮兮、反應過度，甚至一併連同大事擔心受怕。有時更是伴隨眼淚、怒氣，有時會夾雜擔憂、加上不必要的預想猜測。總之就是控制不住自己的思想，一刻都無法讓自己的頭腦休息。雖然不是有精神疾病般那樣重症，但我知道情況若再持續惡化下去，或許真的會併發更嚴重的情緒疾病吧！

失去健康

因為情緒不佳，思想偏差，自憐、自怨自哀，鬱悶不樂。才幾天而已，心中不僅沒有平安，連帶身體也失去健康。情緒、思想一直被憂慮牽引著，導致飲食、睡眠和認知也都失常了。這些負面的情緒都嚴重的影響我的身心靈健康。

失去目標

今天都走不下去了，明天該如何走下一步？當然想都不敢想。我因為突來的婚變被重重一擊而身心受創嚴重，當下哪有動力為不知去向的目標而努力？像是原本計畫必要到達的目的地，才走到半路，車子卻拋錨故障、沒油，若沒把車修好、沒把油加滿，怎麼可能有能力繼續完成計畫中的行程呢？

失去盼望

當負面思想進到我的生命後，好像有連鎖效應般的引發更多的負面思想，自然也形成習慣性的負面思考模式。在我失去自信心之後，情緒不斷的惡性循環、互相影響，結果連最後的盼望都失去了。

如上列七項自己所分析的結果，我必須要夠理智，更要夠精明，才會知道該怎麼計算「得失」。若因為一個突發事件，而要讓我承擔更多損失的話，那麼我不會任憑情況繼續惡劣下去，再怎麼樣也要想辦法，即刻在危機中做些緊急的處理，把損失減到最小，讓我的人生悔恨更少。

我若健康的活著，
我的孩子們就有機會能健康的成長。
我若快樂，他們也會有機會快樂。
那麼，為了讓孩子們快樂，
我一定要先快樂的活著才對。
所以為了愛我的家人，我一定要快點好起來。

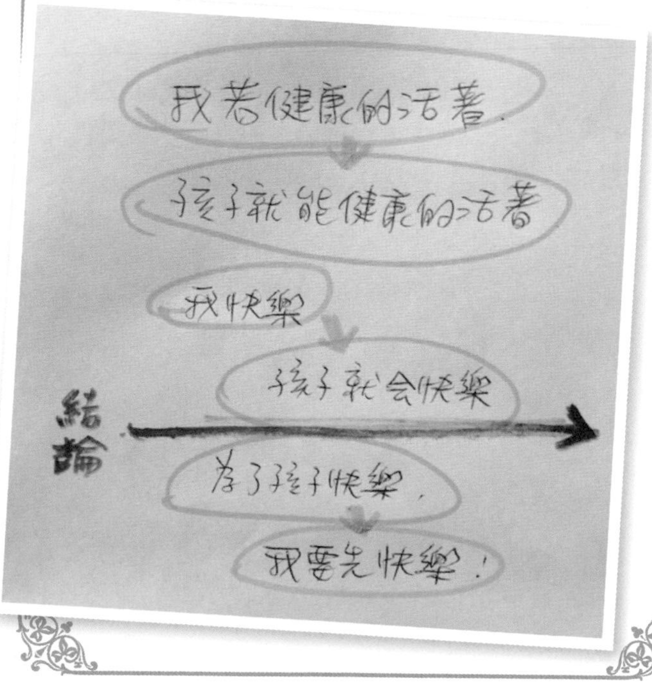

Chapter 2

注視所擁有的，不看所失去的

原來我手上仍然擁有的這些，他們的價值遠遠超過我所失去的。

漸漸的我體會到，當我發自內心不再去計較自己的得失與他人的過失，願意徹底的原諒他時，那因為饒恕人所帶來的額外好處真的很多，而最大的變化，是我心境上的奇妙轉變。

幸好還有三個寶貝孩子！

思想若健康，身體一定會健康；思想若改變，眼光同時也會改變。

就因為「情感被傷害」帶給我不好的感受，我開始會不自覺放大負面的思想，也會不自覺把傷痛感放大、把憤怒感增強，自憐讓我不受控制的任由眼淚狂瀉。

就好像關不上的水龍頭，只要一哭，就一定要哭到累了為止。直到出現厭食、情緒失控，導致暈眩、嚴重脫水，連續幾天身體的電解質在失衡的狀態下，我突然休克倒在廁所……。

當我睜開眼睛，看到三個孩子趴在床邊，擔心害怕的望著我，哭喊著：

「主耶穌，求祢救救我媽咪！求祢救救我媽咪！」

孩子緊張的眼淚與害怕讓我在那一刻才心疼的意識到：「幸好我還有這三個孩子！」

原來我手上仍然擁有的孩子們，他們的價值遠遠超過我所失去的。那關鍵性的領悟，奇妙的消除了我的恐懼，讓我在思想上形成了一種異常豁然、無懼的態度。而那種特別又莫名的信心，也形成了一股強大的力量，打敗了原本只會嚇唬我的恐懼，也同時給予我一份奇妙的安穩。

原來我還擁有的三個孩子，他們的價值遠遠超過我所失去的！

不要再跟過去計較了

不讓已經發生的遺憾事件，影響未來的每一分鐘

我領悟到一件事，過去、現在、未來是三個有區隔的時間領域，分別代表已發生、正進行、未知的。

這三個領域會相互牽制，彼此也有緊密的關聯。「未來」影響不了「現在」與「過去」，「現在的決定」也改變不了「過去」，但是，「過去的傷害」卻隨時能夠影響「現在和未來生活」。

我的人生能不能繼續向前，這全都取決於我如何選擇。如果**時常沉浸在過去的傷害**，就會**占用到現在的時間**，也浪費，甚至**錯過發掘美好人生的機會**。相對的，若**願意投注更多的時間在現在和未來**，那麼就有**創造、發掘更多與過去截然不同經驗的機會**。

因為過去的事件已經進入歷史了，它頂多**只能成為一種經驗、一種教訓**。我不想再花時間去悔不當初，當然也沒有能力改變已經發生的事件，所以，只要**忘記背後的失敗，努力奔向前**，產生新契機的機會一定比**留在原地**還更大。

讓過去的挫敗成為一個教訓，
不要讓它成為未來生活的指引

別跟過去計較，需要重複的、且刻意的練習

關於「怨恨孩子的父親」這種無濟於事的舉動，我曾經仔細的為這事分析盤算過後，便立時決定不要浪費寶貴的時間去跟過去的傷害計較了。

下決定或許容易，但要執行時有許多難度。因為我偶爾又會同情自己、心疼自己，然後一下子又要提醒自己。因為事發初期，心裡真的塞滿了太多疑問和憤怒，卻沒得問也沒得宣洩，還好有幾個閨蜜，在我每次心裡苦悶或是不爽到極點時，會容許我吐吐委屈、說說不滿。發洩之後，心裡也自然好過多了，我就再繼續練習不計較。

而當我願意輕看前一刻的羞辱、傷害，不去計算得失時，就好像又通過了一次試煉，同時也多了一份面對明天的勇氣。選擇放掉過去雖然不容易，我也一直努力練習，忘記過去人所得罪我的，而愈刻意練習就愈熟練。心寬了、糾結沒了，快樂自然就來了。

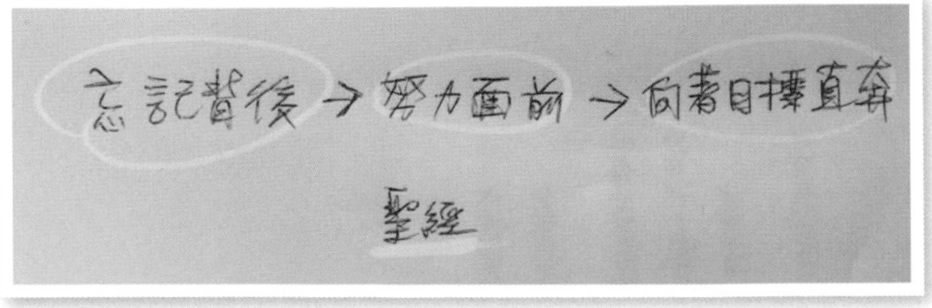

對曾經傷害我的人寬容

原諒人、饒恕人是一個選擇，是一個讓人生更自由的必要抉擇。

雖然我願意原諒我的前夫，一開始只是因為我不想再浪費時間糾結於過去。但是漸漸的我也體會到，當我發自內心不再去計較人的過失，徹底原諒他時，那因為饒恕人所帶來的額外好處真的很多，而最大的變化，是我心境上的奇妙轉變。

少了埋怨自憐；我不再只注視於過去時，心情就漸漸不再糾結在那些損失的、被傷害的，所以心境上就更加寬廣了。當我的生活中少了埋怨，自憐的情況相對的也減少了很多。

更多同理心：我努力忘記過去的壞經驗，也刻意的減少自憐，所以受傷的感覺就慢慢變淡了。由於我曾經因為他人失誤過，使我因此受傷慘重，所以當我深刻體會，也知道傷害人的壞感覺是什麼，這時我的同理心，反而增加了我對人的憐憫。於是在遇到同樣困境的人時，自然我對他們就有更多包容，也願意付出關懷給處在弱勢中的人。

自信心增強：我的心智與處世態度瞬間成熟，我的膽量和勇氣也是前所未有的大，做事不再像過去那般畏縮寡斷，面對未來已經不再恐懼，自信心大增。

心靈自由：有時我還會有莫名的錯覺，明明是大白天，明明不是睡眠狀態，我還有如白日做夢般，感覺自己像是翱翔在天空中的老鷹，不受拘束、任意飛翔，不再懼怕未來，也知道自己該往哪裡前進了。

這種自在、自由、自信的全新能力，我確定是因為徹底的饒恕人所帶來的。因為無虧的良心、無偽的愛心、無懼的信心讓我深知，我真是做了人生中最正確的決定了。

Chapter 3

最大的敵人是自己的負面思維

當我決定要忘記過去、展開新生活的同時，身邊還是常會反覆出現過往的雜音。有些是從旁邊那些無關緊要的圈圈掃過來的流言，有些是源於自己的思想意念。還有些冷嘲熱諷、好心的建議和過度關懷的話語都有。

「一定是妳做了什麼，不然妳老公怎麼會拋棄妳？」這只是其一，更難聽的都有。總之，如果什麼話我都在意、照單全收，不適度拒絕的話，那麼恐怕我就會陷入混亂的情緒裡。沒有出現重度憂鬱，內心也會重傷吧！

隔絕雜音才能保護自己的心

身為公眾人物，以前我總認為要概括承受，謙虛的接受別人的意見或批評。只是後來人生的經驗多了，虧吃多了，傷也受夠了，才知道「適度」拒絕不善意的批評言論，可以讓我活得比較自在。

不好意思拒絕別人發出的負面話語，並不就一定是有禮貌的作法，有時候我覺得自己是愚蠢的，因為我等於允許別人用這些話來論斷我、傷害我。

從前別人若說出什麼我不認同的話，我頂多只放在心上，不去回應就好。現在反而我練就到會面帶微笑，但是語氣堅定的說：「**我不這麼認為哦！**」適當的表達自己的看法，不再裝客氣。

若有任何負面的話語進到我的思想裡，多少都會影響我的情緒。因此為了保護自己不被攪亂，我不再傻傻、老實的全吞，客氣的細嚼慢嚥、仔細的品味它，甚至還禮貌性地用「謝謝」作回應了！

雖然現在還會聽到一些搬弄是非、挑撥情緒或是謾罵、酸言冷語讓人感覺不舒服的話語，但此時我會立刻保護我的耳朵**不受負面話語影響**：不管是**微笑的離開現場，或者藉機掛掉電話、刪除簡訊不讀，或是遇到那種不約束自己的情緒、不負責任的臉書留言，乾脆直接封鎖他，眼不見為淨。**

這不是我的態度驕傲、不聽人建議，而是我認為若這些聲音只是在歸咎過去，或是重複攪和在已經發生、無法挽回的舊事，還是有心者的旁敲側擊、想挖什麼八卦的，為了保護我的心，

我會拒絕那些「沒有生命」或「存有嚴重拆毀性的話語」停留在我已經「清乾淨」的思想裡，不容心靈再被玷汙，時時保有清淨、喜樂、愉悅的水平。

因為曾經被負面的言語蹂躪過，所以我知道這種感覺真的太糟了。《聖經》裡教導我「靜默有時，言語有時」、「說話浮躁的，如刀刺人」，我已懂得拒絕讓這些負面傷害人的話語進到我心裡去，因為他們嘴裡說出的話語，無法使我的生命長進，還會影響我的情緒，何須再毒害自己呢！

現在我不會再愚昧的全盤接受所有。而是**隨時隨地釐清雜音，適度的接受也堅定的拒絕，就用理性與智慧來打敗自己內心最大的敵人。**

過度自省，其實很不健康

我常常會反省自己，但也曾落入過度自省的陷阱裡。

所謂過度的自省就是因為我反省的時間點已經過時了，卻還在不停的鑽著。所以當我一進入那種鑽牛角尖的反省模式時，就會讓自己的心思沉淪在遺憾與悔恨中，不停繞圈、打轉、找不到出路。

這不僅會困擾情緒也會混亂情感。自責、自憐、自怨自艾、自卑、自大、自私、自我，這些都屬於家族同類。有些源自負面思想、有些則是由思想衍生出的負面行為。

負面思想一旦重複，就會成為習慣性的負面思維。習慣性的負面思維會推動行為而產生負面的行動。負面的行動一再重複就會形成一種負面人格，這些都是息息相關的負面思想行為效應。

我後來已經熟練敏感到一旦發現自己有任何負面的思想出現時，總是立刻警醒自己務必毫不留情的讓它遠離我的腦海，免得不小心縱容負面的思想停留，讓自己又成為悲觀、消極、灰暗、甚至充滿負面言行的人。

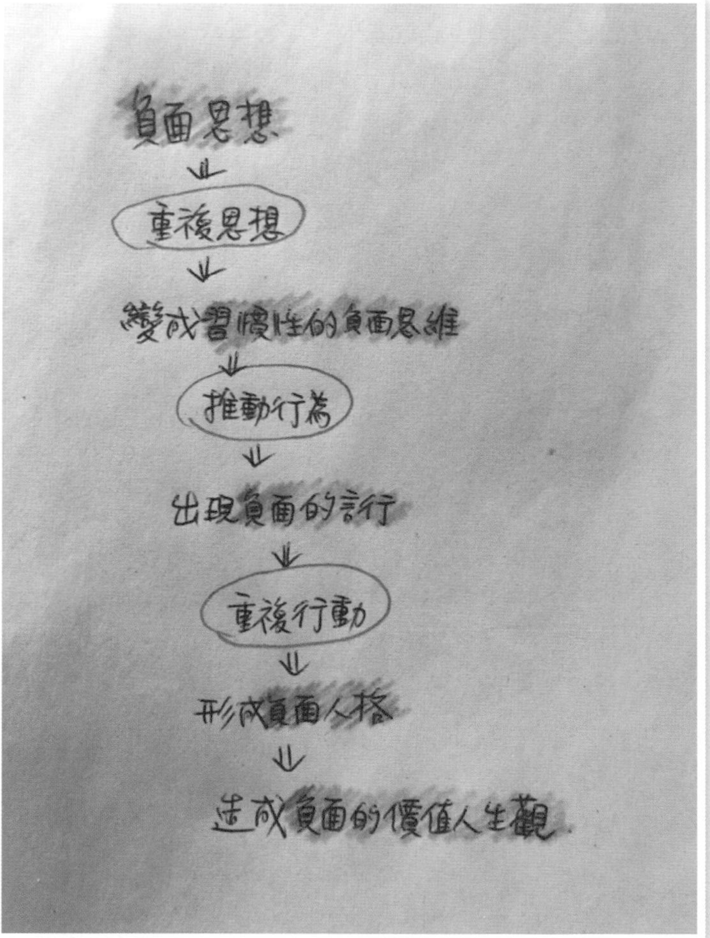

一個簡單的思想意念，竟然足以影響人生。
負面的思想最後造成負面的價值人生觀。

Chapter 4

擺脫干擾身心健康的無形竊賊

心靈就像一間小房子，負面思維就像是個小偷。若一時忘了關窗，留下一點縫隙，那麼小偷的手可能會趁機伸進來探路。假若沒有立刻意識到嚴重性，它可能還會囂張的把窗戶撐得更大，在人沒察覺時，不只手腳、連身體都潛進屋內了。

若再沒警覺立即制止，甚至姑息與之共存，只怕它會呼朋引友的把同伴全都叫進來 Party；傷心、沮喪、憎恨、自憐、自怨、自哀、失望、憤怒……，所有想得到的負面思維將會反客為主、開始占據心靈小房子並且掌控一切了。

填滿時間，讓自己沒空傷心

經營十多年的婚姻生活驟變，第一時間任誰都無法適應吧。我每天總在猜測中醒來，在疑惑中睡著。

只要吃飯的時間一到了，我的腦海就不自覺閃過孩子的爸爸。

「他正在做什麼？吃飯了沒有？餓著肚子嗎？」

總怕他無法照顧自己，像擔心小孩般心疼著他。就這樣迷迷糊糊、日復一日，我日子過得像個活死人一樣，一直重複沿著以往夫妻相處模式思念著，總是這樣擔心到心情鬱悶。

雖然我曾試著用理智強迫自己掙脫那種「太過掛念」的習慣，甚至我還想把過去的記憶，連同那人一起忘掉。只是每次想努力忘記，就好像要活活的把自己身上的一塊肉親手切下來那樣殘忍，根本做不到。

時間真的可以沖淡一切嗎？我也希望時間快點沖淡這些傷心的感覺，我也希望我可以停止掛慮，希望自己快點恢復正常。否則每擔心孩子的爸爸一次，心就會立刻揪緊一次，實在很煎熬。

這樣哭著想著，有一天我竟突發奇想：

「如果我少想到他一次，那麼心就會少痛一次嗎？那假若我忙到都沒時間去想他，是不是連痛的感覺都會沒了？」

抱著做實驗的心態思考揣摩著現實狀況，為了讓自己快點脫離失常狀態，於是事不宜遲的從那一刻起，我便計畫性的把每天的時間排滿。除了日常家務、除了和孩子們在一起的時間，其餘時間就刻意留給朋友、活動、電視節目與睡眠。

也正好在我開始做實驗的那幾天，我可愛的小嬸為了安慰剛失婚的我，傳給我當時收視極高的大陸劇〈後宮甄嬛傳〉連結網址給我。我原本對大陸劇並不感興趣，但在這非常時期也就勉強自己看看。誰料第一集點進去後，連續幾天的進入劇中、忘記了現實，這樣欲罷不能的看完一集又一集。奇妙的不只如此，我竟戲劇性的被那劇中一句一字的對話、一幕一幕的情節吸引著，讓我在看劇的同時，完全忽略了自己的悲哀，也忘記要對丈夫牽掛了。哈利路亞！我的注意力終於「暫時」成功的被轉移了。

我用盡所有照顧孩子以外的分分秒秒，迅速的在兩週後看完整齣劇，腦袋終於空下來的那一刻，這才恍然大悟，我好像已經沒有前些日子那麼沮喪了，想念丈夫的感覺也淡了許多。

我的實驗成功了！原來當我挪用那段習慣性「想念過去的時間」，改為投入在可以殺光我時間的「大陸劇」時，那個原本用來製造傷痛的時段，已被成功地替代轉移了。

如今回想，當時處在那個痛不欲生的時期，盡全力的把時間填滿是絕對必要的事，否則我一定會不自覺又不受控的耗盡時間，拼命的鑽牛角尖胡思亂想，就是要去追尋已經無法挽回的過往。

謹守口舌，找對方法、找對人吐

雖然失婚的事實讓我難以承受，但不論有什麼委曲，不是今天吐一吐、說一說，明天就能迎刃而解的。我知道在吐苦水的當下，或許我的心情會暫且得到緩解，但是只要話一出口就傳出去了，怎樣也收不回來。那時的我還算理智吧，我一再的提醒自己謹言慎行，**「很多話不能對孩子說，免得他們擔心」**；**「很多話不對父母說，免得他們難過」**；**「所有的話選擇信得過的朋友說，免得以訛傳訛」**。

「話合其時，何等美好。」對於剛在人生的道路上跌一大跤，好不容易提起勇氣想要重新跨步的我來說，積極、鼓舞、造就這類激勵人心的好話，就是上好的心靈雞湯。確實人在互動時的自然反應，都會喜歡聽到有盼望、具鼓勵性的話語，而我覺得吸收這些正面言語所得到的功效，會像是快要枯乾，卻重新被水澆灌的植物，再次重現生機活力。我第一慶幸的是自己在二十三歲時就接受了基督信仰，透過讀《聖經》讓我了解真理，也認真的聽道、信道、行道的去放下困難重擔，試著去尋求依靠能力比我強的主。我也很慶幸有好些良師益友在身邊，他們總會適時安慰鼓勵我，或是為我代禱祝福。

「謹守口舌的，就保守自己免受災禍」，還好當初我並沒有任著性子口無遮攔的到處投訴，如今才能免去更多的傷害。

不過我也曾試圖「借酒」來澆愁，只是這個不好的經驗還真是一個令我難忘的教訓。有一趟我隻身回台辦事，我的兩個閨蜜好心的想紓解我心中的苦悶，由於我的孩子沒有帶在身邊，她們見機會甚好，所以當晚就帶我去喝個小酒。邊喝邊痛快的聊著，我竟不知不覺的已經灌下了七杯調酒，而酒精後勁強烈的程度，很快的讓我又暈又吐的……醉到自己是怎麼被拎回家的都忘記了。

而且明明當晚已經吐過一輪，怎麼會隔天一睜眼還能繼續抱著馬桶狂吐。宿醉帶來的頭暈頭痛、腸胃異常攪動翻滾，實在是讓我痛不欲生，只好拼命的跟上帝禱告求饒。就這麼一次恐怖的經驗就好了，從此我再也不敢用喝酒來發洩情緒了。

不理會、不在意、不放大負面「感覺」

「感覺」就像雲霧般飄渺不定，常會隨環境變動忽高忽低。

情傷待療養的期間，負面情緒常會闖進我的思想裡掌控我，它讓我陷入一種慣性的負面思考模式中。

以我的經驗，我知道若負面情緒沒有好好處理，將會出現睡眠障礙、生理期混亂、營養不良、精神不濟、偏頭痛、心臟問題等，這些會嚴重威脅我的身心健康。於是為了自己好，我決定開始練習「忽略」一些對我有害無益，甚至危及我健康的「垃圾感覺」。

可能是任何一句我所在意的話，可能是任何一幕令我傷心的過往片段，我必須要意識到之後要求自己「別再去注意」，還要刻意的「忽視」它。我就這樣從「忽略所有負面的感覺」開始練習，一點一點的無視它、不理會、不在意、不放大自己的負面感受。

只要有任何會引發我負面情緒的感覺一來時，我就偏偏逆向思考，練習不理它。不管聽到什麼、想到什麼都一樣，**我抱著一種「老娘就是不想再跟你糾纏下去」的態度活著。**只要過去的片段畫面又出現在我的思想時，我會立刻禱告，然後拒絕延續性的思想它。有時甚至還要去找一件令我感興趣的事來做，馬上轉移我的注意力，分秒都絲毫不能遲疑。

一次一次的練習了一段時間之後、久而久之，那些負面的情緒真的就愈來愈無法影響我了。

居家和心靈都要常常大掃除

房子若沒有常常打掃，除了垃圾堆積、灰塵遍佈外，還會有那些占用空間的閒置物品，看起來總是凌亂不堪、令人不舒服。我原是喜歡家中看得到的空間單純乾淨、不留灰塵，而抽屜的擺放盡量整齊、沒有雜物。

所以我希望我的心思意念裡，也不要再留那些占據空間、礙手礙腳的廢棄思想。尤其當新事、舊事、雜事、閒事、無聊的事、過往的事、未發生的事、無法原諒的事、令人掛念煩惱的事……，這些大事小事全部聯合一起、交錯複雜又糾結纏繞時。

為了讓自己能更快回到正常生活，我也開始不定期的清理自己的思想，隨時保養維護大腦。

首先那些值不值得回味的陳年往事，我全部把它打包起來，暫時存放在某個不占空間的角落。以不會絆到腳、不影響日常生活、不困擾心情為原則。而當我有空閒也想懷念時，就可以隨時開箱，一件一件拿出來品味。反之，若那些是會困擾、影響我心情的「垃圾事」，我就直接打包丟到垃圾桶，不讓它們有機會煩擾我。

至於那些偶爾出現的灰塵呢？或許暫時影響還不大，但是因為會年長日久、日積月累的增加，所以還是得常常清理乾淨，否則原本簡單的心思會起變化，煩躁加上忙亂，最後不只心不清，還會睡得不安寧。所以當我努力的處置那些滿坑滿谷的往事、清空無意被我閒置的垃圾回憶時，瞬時就清心了許多，也能空出更大的空間來容納新的回憶了。

PART 2

重整人生，修復關係

Chapter 1

從叛逆少女到擁有三個寶貝

學齡前，母親忙碌，無暇照顧，我是那個被南北運送，寄人籬下的「乖女兒」。上小學又因父親軍職派遣，搬家、轉學成了家常便飯。慢熟的我，幾乎整個小學時期都在緊繃狀態下度過。

國中時，因為父親不當的管教，我成了逃家的叛逆少女，學校老師的羞辱更讓我自信盡失。還好，我在文字中找到寄託，還在十九歲時賣出第一首創作歌。然後，我遇到了我的前夫，也接二連三有兒有女……。

吵吵鬧鬧的家，南北寄宿的童年

如果問我，對童年最深刻的印象是什麼，大概只能用「吵吵鬧鬧、虛度光陰」來形容了。這確實是童年留在我大腦裡的感覺。

我並不是在埋怨父母，埋怨他們沒有給我一個安穩、安心、安全的家。當年，父母是在沒有經濟基礎、沒有任何計畫之下，突然有了孩子，所以才組織家庭。當時他們年輕又未經世事，在這樣的背景下建立的家庭，或許真的會缺乏一些溫情與包容。人說：貧賤夫妻百事哀，我家也一樣。我的父母三天兩頭就吵架，十之八九都是為了錢的問題。只是吵歸吵，孩子還是一個一個的生。我的父母年紀相仿，二十歲時就倉促結婚，婚後生了四個孩子，我排行老三，是家裡唯一一個女兒。

光靠父親一份薪水，根本很難養活一家六口，何況他總是大方地招待朋友來家裡做客、打牌，再加上戀酒貪杯，所以讓原本就不闊綽的生活，顯得更加拮据了。從我懂事以來，父親就已經是一個擁有少校官階的職業軍人，他的手下有很多士兵歸他管，在部隊裡很是威風。大概是接觸的人多了，父親結識了不少「朋友」，三教九流都有，交友圈非常複雜。

我父母婚後，接連生了四個小孩，我排行第三。

印象中，父親若不是不回家，要不就是喝醉了酒，才搖搖晃晃、醉醺醺地回家。偶爾，他還會帶著朋友一起回來，在客廳突然就牌桌一擺，哪顧家裡還有誰在，不管三七二十一的就打起牌來。好幾次，媽媽才剛燒好一桌的飯菜，都還來不及餵飽家中的孩子，爸爸一進門就呼朋喚友的先款待牌友上桌吃飯，而飢腸轆轆的我們和媽媽，只得眼巴巴的看著飯菜被一掃而空。

接下來，這供我們一家六口落腳的屋子，就被整夜的麻將聲和濃嗆菸臭味占據了。幾個夜不歸宿、賭興勃勃的大男人同我父親，在吆喝聲中就顧著自己尋樂。原本應該單純的地方，卻出現了讓年幼的我匪夷所思的不速訪客，感覺實在令人厭惡。當下，除了我無奈的媽媽，還有誰會記得家裡四個幼小的孩子需要安靜的休眠空間呢。

母親何嘗不曾在賭局散場後，試著勸告及提醒父親，家中的經濟破洞已經不容忽視。但不論怎麼請求，父親總是把苦口婆心當做叨念，應付似地對話幾句，或因為面子掛不住，乾脆整個人消失、幾天不回家。我那蠟燭兩頭燒的母親，除了要照顧我們這幾個小毛頭，還得擔心徹夜未歸的父親安危。就這樣，責任全落在她的肩上，她一次又一次的吞下委屈，一把鼻涕一把眼淚的過著日子。

念了四所小學，沒有要好的同學

我的母親只是一個純樸的家庭主婦，在老是為錢傷腦筋的生活裡，她不僅要料理家務、照顧孩子，還要額外做手工貼補家用。為了多賺些外快，什麼能賺的活，媽媽都往家裡攬。也因為要做的事情多了，家中四個孩子實在照顧不來，只好把我一陣子往南部送，一陣子往北部送，讓我的阿嬤和外婆分擔照料。我學齡前的日子，幾乎就是在這種寄養的日子中度過。

即使上了小學，我總算有比較多時間跟全家人住在一起，卻還是因為父親軍人身分的緣故，得隨時配合職務調遣各處，所以舉家跟著南遷北移早已經是司空見慣。也由於搬家的頻率高，光是小學六年，我就讀過四所學校。跟我同班過的同學很多很多，但至今我頂多只記住一兩個同學的名字，而那些跟他們在一起的有趣回憶，我卻一點印象都沒有。

我當時才是小學的年齡而已，讀書環境卻不停在改變，短時間內要我適應得好是很難的事，因為往往在差不多要熟悉新的老師同學時，又不得不跟著父親的調動準備離開，再次打包前往下一個新的地方。一年三百六十五天，好像不斷地在重複打包、搬家、整理行李、記住新的上下課路線、認識新同學老師、融入新班級、適應新學校、新環境……。不管家搬到哪裡，我就得要重來一次，全部重新適應過。這種無奈的不安定，讓我感覺自己是一支沒有根的浮萍，不知道何時才能安穩的落腳？當時因為年幼，沒有對象可訴說，也沒有人開導我，我只能把那種焦慮往心裡最深處藏。這種對未來的不安恐懼，就這樣不斷被累積，甚至延續到我成年之後。

在我的印象裡，我與家人之間的互動少之又少。我想，這與上一輩給我的教育脫不了關係。父母當時的能力確實有顧到生活就不錯，而那孩子心靈層面產生的問題，就這樣長久被忽略了。我因為和爸媽沒有私下談天的習慣，彼此之間也因為不夠了解，所以他們的言行，常在我自以為是的解讀與猜測下變得很糟糕，連帶讓親子間的關係更緊繃惡劣。

不講理的鞭子，十三歲就蹺家的因子

十三歲那年，父親在我的抽屜裡發現一些男同學寫給我的情書。我基於好玩的心態，把異性給我的信留下來，沒想到卻被爸爸一封一封地拆開來看，而且愈看愈火大。他完全沒給我解釋的機會，一口咬定我跟很多異性在交往，二話不說，拿起皮帶就往我身上一鞭一鞭用力地抽打。我竟然乖乖的不知道閃躲，任他一邊罵三字經、一邊抓狂似地鞭打我。他那突來的怒氣嚇壞了我，我愈哭、他就愈打愈凶、愈打愈猛，似乎都沒有要罷手的意思。

我尖叫地哭喊著：「**媽媽救命！**」

但盛怒之下的鞭子，任誰都攔不住。過了一陣子，可能打到他筋疲力竭了，才總算停住手。最少有二十多鞭吧。爸爸他是打到累了鬆手，我卻是痛到全身在發抖。紅色的血漬在爸爸打完後立即浮出，一條一條地血痕全集中在我的後背，有幾處甚至還是傷口交疊。血從衣服裡滲了出來，整個血跡斑斑的後背、慘不忍睹的令人看了驚恐，而那一條條被打到綻開的皮膚，緊緊沾黏著衣服的布料，輕輕一動就無比疼痛，每處傷口都在不停地抽痛著，傷口在滴血、我的心也同時在滴血。

事後，媽媽幫我擦藥，她看著我的傷，忍不住心疼的哭著。我則邊痛、邊哭、邊發抖，像個飽受驚嚇的兔子，心中充滿訴不盡的委屈，卻只能流淚哭泣。夜裡睡都睡不著，左思右想就是不明白自己犯了什麼錯，讓爸爸這樣不分青紅的死命毒打。莫名的恐懼包圍著我，傷口的劇烈疼痛淹沒了我。我多希望有什麼特效藥能立刻止住疼痛，也順便把我的害怕帶走。我想，我不只皮膚被打破、心也被打破了，連那對家僅有的一點點安全感也碎了一地。

隔天，我決定要離開這個不安全的地方，因為不知道下次爸爸還會不會這樣？根本管不了蹺家會帶來什麼後果，反正我就是不想再看到令我失望的父親。當時我讀國二的班上，有一個同班的女同學跟我很要好，我告訴她發生的事，她就很講義氣的收留了我，然後，我們兩個那天起就開始蹺課。

她的家境還算不錯，所以很大方的帶著我去溜冰、逛街，到處混、到處玩。起初，我覺得好玩極了，這樣的生活比起以前有趣太多。混了幾天，才聽說媽媽四處找我，那個女同學的媽媽知情之後，就不敢再繼續收留我了。我沒有地方去，只好硬著頭皮回家了。

由於母親當時曾焦急的找我，所以電話打遍了，也讓所有的親友都知道我蹺家了。那時起，我出門就怕遇見熟人，因為他們投射過來的異樣眼光，會讓我難堪到無地自容。他們只知道我蹺家，卻沒人了解真正的原因。三姑六婆的流言蜚語，暗地裡傳來又傳去，他們說我是不正經的女孩，說我是蹺家的不良少女，流言充斥了我住的地區，而且愈傳愈難聽。

我愈想愈生氣，**「為什麼我要背負這種不名譽？」**

明明是爸爸不明就理、體罰過當，導致我不敢住在家裡，怎麼反倒我被說是不孝、不懂事的叛逆少女呢？因此，我對父親就更加生氣了。好吧！眼不見為淨，為了不想看到那些指指點點，我索性再次離家出走了。就這樣一次、兩次、三次，「逃避」就變成了我敵對任何不滿的唯一方法。

只要我覺得不高興就往外跑，反正父親自己也常不在家，想管我也管不到，而母親根本拿我沒輒，因為她不知道如何教我；罵也罵了，打也打了，還是改不了我三天兩頭就蹺家不歸的習慣，所以我的名聲比以前更糟了。另一方面我很氣自己沒有能力掙脫這個困窘的環境，於是我開始怪東怪西，怪罪我的爸爸、怪罪我的媽媽、怪罪這個家帶給我不幸的童年，就這樣斷斷續續地持續五個月，我沒有解決問題的方法，就只好用蹺家來不斷逃避。

我多希望所有的錯誤都有機會被遺忘。

如果時間能重來，我第一件會做的事，就是丟掉那些男生寫給我的信，這樣爸爸就不會有機會看到，我也不會因為被毒打、產生恐懼進而蹺家，更不會因此讓自己的名聲蒙受不白之冤。只是，做錯事的罪惡感根本不放過我，我只能活在無奈的懊悔中，過得心中滿是疙瘩、一點都不自由。

成績總是敬陪末座，卻愛上寫作

為了讓我遠離蹺家時結交的損友，爸爸靠關係讓我轉進了某所國中的升學班，我因此搬去鄉下與阿嬤同住。

對青少年而言，國中二年級還轉學簡直就是天大的災難來臨，除了要面對新同學、適應新環境，還要讀書拚聯考，升學班又逼得特別緊。所以我每天都得比太陽早起，自己做個簡單的夾蛋三明治之後，再騎三十分鐘的腳踏車去學校，一走進教室，就開始「充實」的一天，直到晚上九點半才回家，就這樣日復一日。

從早到晚，我面對的是生硬的教科書，死背、硬記，小考、大考，除了讀書、還是讀書，在這裡根本沒得混、沒得玩。爸爸的一個決定確實就讓我回到校園乖乖讀書，但我卻也瞬間失去朋友。表面上我是乖乖就範，但實際上我對他的氣憤卻攀升到最高點，因為我的生活除了無趣，又多了競爭的壓力。

升學班就是升學班，班上大部分的同學都很會讀書，偏偏我已經好一陣子沒上學，所以程度嚴重落後，再怎麼拚都只能跟另一個男同學搶倒數第二名。那時班上有一個超愛欺負我的男生，他不僅幫我亂取綽號，還逮到機會就取笑我、羞辱我。其他同學大概都忙著讀書，哪有空閒來理會這個課堂上的霸凌？那時大家看似都袖手旁觀，根本沒人出來說句公道話，所以讓我覺得總是孤立無援。我的成績不好，每天要被老師修理就已經夠慘了，再加上這種過分的待遇，讓我每天都痛苦到不想上學去。

從前他人對我的評論，一字一句在我身上留下深刻的記號。別人扭曲了我的形象，而我也被他人的評價影響，對自己的看法愈來愈負面。我的人格在外力與己力的雙重擠壓下日漸自卑，而且還隨著負面的感覺不斷擴大。

忘了從什麼時候開始，我一直鑽牛角尖的懷疑自己：「**我的生命到底有什麼意義？**」

班導的言語暴力，也無形地剝奪我的自信：「**成績爛，沒有用，在讀什麼書啊？白痴都比你聰明，書讀不好，就看你以後能做什麼……**」，什麼惡毒的話，我都聽過。

只是這些責罵非但沒有讓我成績更好，卻讓我失去快樂、失去對未來的希望：**我真的一無是處嗎？那我活著到底能做什麼？**當時的教育總以成績來決定一切，書讀得好才能得到肯定，所以當師長用成績來評量我的價值時，我雖沮喪難受，卻也無力反駁。我常常把失落的心情用文字寫下來，當我愈來愈沉浸在自己的創作世界裡時，我好像就愈能看到自己和同學們不同的地方了；**別人會讀書，但是我會寫作。從一篇日記到一首詩，從一首詩到一首歌。**

我因為家貧，所以沒有機會學樂器，但是讓我自己覺得很稀奇的是，在我十五歲的某一天，竟然為了抒發心情，突然就寫出了一首歌。此後，只要我心血來潮就會想創作，一邊寫、一邊唱著，於是我的生活突然出現了一個新的興趣，而這個創作的興趣讓我的心情變得比較好過了。我總期待有一天，寫歌寫文章就能餵飽我的肚腹，所以就持續的在這樣的期待中過日子。想著、想著，國中終於混到畢業，而我也考上了高職的第一志願——台南高商。

國中的痛苦歲月終於過了，當時高職的學業對我來說已經是次要的，賺錢才是我人生的第一目標。我甚至為此不顧父母的反對，私下休學再讀，後來又從日校轉到台北某補校。我的價值觀在不知不覺中受到周圍的環境影響，所以選擇半工半讀。我並不是為要分擔家計而工讀，這全部只是為了滿足我自己的購物慾望而已。現在再回想起來慶幸的是，為了賺錢打工我沒走岔了路、也沒造成無法彌補的遺憾。但不幸的事，我浪費了最年輕寶貴的時間，去追求一些短暫、不實際的物質生活。我也曾為了摸不著邊的創作夢想努力，但從高職開始就像在曠野中繞行，試圖找一條出路卻找不到。就這樣，三年的高職生涯也在渾渾噩噩中，沒有意義的混畢業了。

當時未滿二十歲的我，對自己、對未來、對家庭完全是覺得沒有盼望的。我從不相信「家，是避風港」，更沒有期待若受了傷、回到家，父母手足會不計前嫌地給予溫暖。我不相信自己有什麼能力變得更好、我也不相信我的未來能夠有什麼作為。如今才驚覺，青少年時期發生的事，對我的影響竟然是如此深遠。

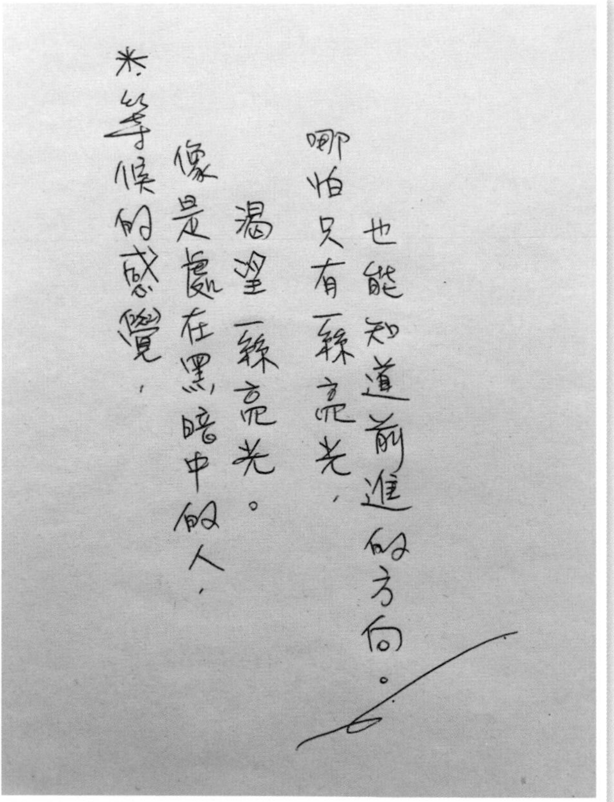
也能知道前進的方向。
哪怕只有一絲亮光，
渴望一絲亮光。
像是處在黑暗中的人，
※等候的感覺，

青少年時的隨手札，充滿了尋找方向的渴望。

十九歲賣出人生中的第一首歌

我十八歲時，全家搬回臺北，從軍中退役的父親和母親在永和樂華夜市口開了一家剉冰店。

那時，店裡的生意實在太好了，即使一家六口同時在店裡忙，十二隻手也會忙到錢來不及收。來店裡吃冰的客人很多，有附近學校的學生，也有逛夜市的觀光客，還有住附近的鄰居朋友，來來去去。可以說這門絡繹不絕的生意，在兩年內明顯的改善了家裡的經濟狀況，我們的辛苦投入獲得回報，貧窮也終於離我們而去。

很多客人來店裡吃冰，吃冰吃久了就變成朋友，見了面就會聊個兩三句。十九歲那年，我認識了一個特別的客人，他的名字叫小潘，他是一個玩音樂的五專生。因為他也是店裡的熟客，所以每次來吃冰，我們就東聊西聊，聊著聊著才知道他也在寫歌創作。除了上課時間，他還在重金屬樂團裡擔任主唱。因為我從來沒有遇過這樣的朋友，所以我們很快就變成好朋友，每次聊音樂也會聊得很開心。

當時，我有一套最新、要價不斐的錄音器材，那是我十八歲生日時媽媽送給我的禮物。我原以為這套錄音器材能讓我的創作，從創意變成實際的成品，可惜買了之後，我也只研究過幾次。我對機器真的很沒天分，所以一遇到困難就立刻退縮了，之後連碰也沒有再碰，所以將近十萬元的設備就被我晾在家裡。小潘知道後，興奮地開口借用，我二話不說，就讓他搬去了。

他當時用我的機器完成了好多歌的DEMO，他的新歌就這樣一首一首被「夏哥工作室」買走，而他的創作開始受到重視，如今也是曾入圍金曲獎的知名創作人潘芳烈。夏哥工作室是演藝圈知名的經紀人夏春湧的公司，那時他手上剛發片的藝人只有林志穎，小潘為了感激我的舉手之勞，也把我的一首創作〈你好嗎？〉拿給夏哥，沒想到一次就被夏哥選中，收錄在林志穎《夢在前方》專輯，還被選為第二主打歌。

對我而言，賣掉第一首歌的意義實在重大。那年我才十九歲，這件事好像時時刻刻在鼓勵我，不要停止創作、繼續努力、不要放棄夢想，希望的種子已經埋在土裡，總有一天用心澆灌的土壤，一定會開花結果。這樣的信念一直跟著我，直到二十三歲認識了我的前夫。

19歲的少女

二十三歲遇見前夫，樂在助理工作

那年夏天，我剛辭掉原本任職的唱片相關行業，心裡覺得空虛無趣，索性四處找朋友，一方面敘敘舊，一方面紓解情緒。那天，有幾個樂手朋友要到臺南參加一場工地秀的演出，人也正在臺南的我，與他們相約工作結束後一起去釣蝦。不過，我其實挺無聊又沒事做，乾脆提早去工地秀現場看表演。

當天演出的人除了我的幾個樂手朋友外，還有另外三位歌手。這場秀的壓軸演出就是我的前夫。我一個屁股就坐在第一排的正中間。說真的，前面幾個藝人的演出都沒能在我腦海裡留下什麼印象，但輪到我前夫唱歌時，我腦袋出現問號，猜測他究竟是唱對嘴的？還是唱現場的？音準也未免太精確、音色更完美到令人懷疑。我很認真繼續觀察著，盯著他的嘴巴看，目不轉睛的。幾首歌之後，我確定他真的是現場演出時，反而抱著一種看好戲的心態，更認真地聽，想要聽他什麼時候會走音。只是我的期待落空，整場演出最後畫上完美的 Ending。實力派唱將的封號並非浪得虛名，他的演出無懈可擊到讓人佩服。

只是我這在臺下的一盯，反而引起他的注意，被他誤認為我是他的歌迷。偏偏散場後我忙著和朋友聊天，根本沒去找他簽名，這反而讓他更對我好奇。於是，他主動來打招呼，加入我們的談話。我們隨意聊天時，他才知道我也是有在寫歌的人，便積極地向我邀歌，希望有機會能收錄我的作品在他的新專輯裡。

他當時因為急尋助理，在與我閒聊中覺得我是助理的不錯人選，就問了我的意願。我當時正處失業狀態，他提出的薪水不薄，所以我就欣然接受，藉此機會嘗試看看不同的工作。與其說是助理，不如說是保母，舉凡開車、拿包包、辦雜事、接電話、敲通告、接活動等，都必須做。這個工作對我來說很新鮮，我自認為做得算不錯，但我並沒有離開創作。除了包下這些繁瑣大小事，我也包辦了他的新歌創作。

那時，因為在我前夫身邊工作的緣故，我有機會接觸到很多過去沒有接觸過的工作項目。好比唱片的籌備企劃、服裝定裝與造型、邀歌、編曲發包、唱片製作、錄音配唱、搭樂器、合音、後製、混音、Mastering、拍宣傳照、影像拍攝、影像剪接、寫文案、唱片發行、銷售通路、唱片平面宣傳、電視宣傳、電臺宣傳、各式商業活動……，幾乎是從頭到尾包辦了。於是在很短的時間內，我從不懂到每樣經手，每個環節都要接觸，也因為實際執行過才有了許多經驗。

我好愛好愛這個工作。多虧了這個特別的工作邀約，讓我覺得許多潛能被開啟，每天上班都開心地期待新的挑戰，並且努力的去駕馭。一年後，我覺得自己突然懷著一種前所未有的成就感，很想威風的向國中班導證明：**「誰說一定要拚命讀書才有未來，我也不是像你講的那樣沒用呢！我雖然沒有很好的學業成績，但是我認真、負責、努力，如今我能在我的工作上發揮才能。我不是沒有用的！」**

教會初體驗，溫暖有愛、人生可以重來

一九九八年期間，在一次工作之餘，我前夫邀請我到苗栗一個認識的長輩所負責的教會參加聚會，這也是我第一次接觸到基督教會。當天一早我們從台北駕車南下，將近兩個小時的車程，從高速公路行駛到田間小道，從城市到鄉村。當我們來到眼前這矮矮破舊的水泥建築物，我很驚訝竟然這會是所謂的教會，我原以為教堂會像在電視劇中所呈現的那潔白肅靜模樣，然而，這個教會跟我所期待的很不一般！

一腳踏進教會，我看見裡面大約只有三十坪大的空間，很多老人和小孩在裡面聚會。都是病痛殘疾、拿枴杖的、坐輪椅的，建築物內並沒有任何現代化的設備，就除了角落一架還能發出聲音的鋼琴看來比較特別，不然這個地方，一開始實在很難讓我再多留一會兒。

雖然當天教會給我的印象是建築破舊、孩童吵鬧的環境，但兩小時的聚會內容卻留給我很深的印象，而這些聽來五音不全的老人所唱出來的詩歌，竟然會讓我不由自主地流淚，牧師懇切的講道，也句句打動我的心。

耶穌說：「**凡勞苦擔重擔的人可以到我這裡來，我就使你們得安息。**」

牧師說了《聖經》〈馬太福音〉這句經文，是我從未聽過的話。雖然我不太明白這話的涵義，我卻試著用自己簡單的邏輯來解讀，我認為聖經中這個我不認識的耶穌在告訴我，祂願意當我的靠山、願意背負我的重擔，只要我願意把困難交給祂。我很驚訝祂的仁慈，因為連我的父母都沒有跟我說過他們可以當我的靠山，而這位我今天才認識的耶穌，祂未免對我太好了！

於是這瞬間讓我特別感到安慰，不管是否是我的幻想，確實在此時我心中產生了從未有過的安全感，讓我不禁淚流滿面。

「**若有人在基督裡，他就是新造的人，舊事已過都變成新的了。**」這是當天牧師的講道中最觸動我的第二句話。

我當天才知道，原來犯錯的人都有機會重來！不管過去我做錯了什麼，只要我相信、接受祂，主耶穌願意為我擔罪，把過去一筆勾銷，使我成為新造的人、一切重新來過。

那一刻我回想過去被父親毒打，也因為我蹺家被弄糟的親子關係、被弄壞的名聲，我總覺得我的人生走到此時一塌糊塗，我總是為過去的失敗感到羞恥，所以在疙瘩與痛苦的自我定罪中生活著。我從來不知道，原來做錯事情，只要知錯、不再犯，每個人都有重新來過的機會。多年來，我的無知讓我在羞愧中度日，直到那天聽見這段經文時，我才有一種被原諒的感覺，這讓我又禁不住流出自憐、受安慰的眼淚了。

當時我堅定的告訴自己，**「我今天就要信耶穌！這就是我所想要的。」**

那天聚會結束，我原本以為所有的人會各自解散，但是這些不認識我的老人卻走向我，一個個近前來擁抱我。這是我第一次覺得被喜歡、被接納，所以我就這樣愛上了教會，愛上了這個溫暖有愛的地方，也很期待下一個週日能快快來臨。

因為主耶穌給我機會讓我重生，我很感恩。

助理變人妻經紀人，接二連三有兒有女

就這樣當了一年的藝人保母，也去了教會，受洗了。因為常常和前夫在一起，自然日久生情。於是在教會老牧師的鼓勵下，我們結婚了。當時我要的只是一份安定，覺得有人願意娶我就好，所以一直期待新的家庭，可以填補過去我在原生家庭中沒有得到的。

婚後，我也自然從助理的角色升格到經紀人。一邊理家、一邊關照我前夫的演藝事業。

婚後一年半內，雖懷孕卻不斷流產。我在禱告中祈求上帝給我一個孩子，在流過五胎之後，終於早產生下了第一胎，兒子的名字叫作洪亮。他是在我幾乎絕望中讀聖經時看到的兩個字：「你們應當彈琴稱謝耶和華，用十弦瑟歌頌祂，應當向祂唱新歌。彈得巧妙聲音洪亮。」（詩篇33：3）

我第一眼看到這文字的驚喜，加上我單純且超自然的信心，縱使當時腹中的胚胎仍在出血，我卻先取好胎兒的名字，每

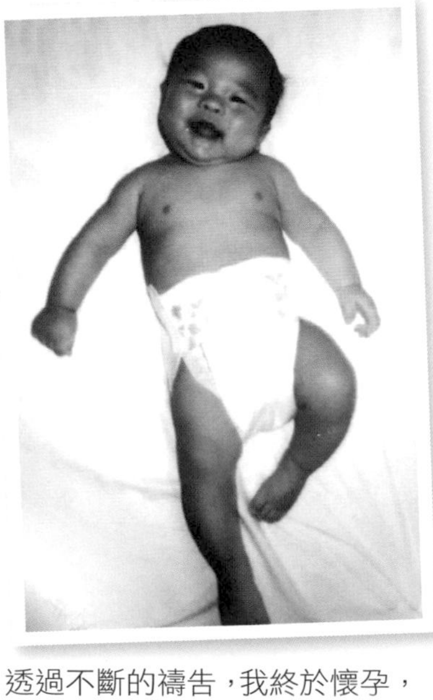

透過不斷的禱告，我終於懷孕，並早產生下兒子洪亮。

天照三餐的為洪亮祝福，直到兩週後血完全止住，洪亮最後也順利出生。

洪亮出生後一年半又生了大女兒巧妙，再一年半又有了小女兒美福。雖然照顧孩子很忙碌，但這些孩子卻在無形中填滿了我童年的缺憾。

於是有了孩子五年後，我們全家移民到溫哥華，我也漸漸退出經紀人的角色，專心在加拿大照顧年幼的孩子們。

接二連三擁有了三個寶貝孩子

Chapter 2

修復關係，從饒恕中得到真自由

即使我的情感，曾經因為與人之間的相處疏失而受傷，但我領悟到經營人際關係的重要，經過一些時間，也運用了聖經給我的教導——寬恕，當我願意轉換角度去思考，結果就很不同，道路也愈走愈寬闊。我放下過往、原諒了曾經傷害我的人，也重新修復與父母的關係，更多的調整與兒女、與朋友、與異性之間的相處模式。現在的他們，已經在我的生命中成為一份特別堅固的能力，在我隨時需要時，都是我最好的情感後盾。

與自己修復關係

除去多餘的自責和莫名的罪惡感

離婚之後不久，有一天夜裡，看著擠過來我床上那三個已經熟睡的孩子，突然令我心疼得鼻酸。我是很自責沒能給他們一個完整的家，所以為了彌補虧欠，我身兼父職，傾盡全力地更愛他們。我希望盡力的保護他們、供應他們、教導他們、引導他們，希望我對他們的愛，仍然與過去還在幸福婚姻中時一樣，不因為遇到困境而有所改變。我也曾自覺羞慚，因為曾經任性而為，過去在婚姻中，當自己做不到聖經所勸勉的「凡事包容、凡事忍耐」時，便會和丈夫互相嘔氣，一受委曲就索性不去溝通，冷漠以對。

其實我知道，**我再怎麼自責也不能讓時光倒流，再怎麼遺憾也挽救不回已經破碎的家庭。**但仍是常常在這種愧疚感中折騰，任情緒起伏翻覆。所以只要每想到一次現實狀況，我就會提醒自己一次，不要再無謂的自責了。對於一段已經結束的關係，不必要有過度的自省、自責，因為這些只會徒增罪惡感和挫敗感而已，根本無濟於事。

練習好好愛自己、寬待自己

於是我想改變自己的認知，把以往那個總是「先顧慮別人」的爛好人個性改掉。從同理自己的辛苦開始、從體貼自己的需要開始、從滿足自己的情感開始、從好好的疼愛自己開始，這些都是首要的，之後再去關照孩子、關照別人的需要。

為了家庭我很甘願的付出，但是常常因為急著做完家事而忽略了休息。以前我總認為自己很有能耐，所以把自己一個人當好幾人來用。除了照顧孩子日常的需要，我還要趁孩子上學的空檔，高效率的把家務、把日常雜事搞定。長久下來身體真的會疲憊不堪，後來我決定改變以往的作法，好好的善待自己，先把次要的事丟在一邊了。

例如：若我今天覺得累了，就先賴在沙發上休息，等休息夠了再繼續做家務，反正那些暫時被擱置的髒衣服和碗筷，不會自己長腳跑掉。若今天不想煮飯就外食，若想出去散心就打包行李，車子開了，帶著孩子放鬆去吧。若想找人說話，幾個姊妹淘一約，喝個下午茶來Party……。雖然我看似任意隨性，其實也只是在練習善待自己而已。

在我離婚不到一年時，孩子們似乎發現我和過去大不相同。

兒子說：「媽咪，我覺得妳現在變得比較快樂耶！我喜歡看到妳這個樣子。」

老二說：「媽咪！妳不要只顧我們，妳也要有妳自己的幸福。」

老三說：「趕快啊！快跟別人出去吃飯看電影、出去跟別人date（約會），不要留在家裡。」

孩子們一直在提醒我「要先被愛，再去愛別人」。雖然是很簡單的道理，卻也被我長久忽略了。

我很喜歡張學友的一首歌〈每天愛你多一些〉，我則常常提醒自己：「每天要愛自己多一些」。

與前夫修復關係

他是孩子的爸爸、是曾經的家人、不是仇人。

記得我曾在極度憤怒的狀況下，打自心裡對自己說過無數次這樣的話：「你最好不要讓我碰到，否則我一定會狠狠臭臭的罵你一頓，甚至要把你惡待我的，加倍奉還給你！」

只是縱使曾經如此想，我的心情在經過一年的沉澱之後，怒氣在不知不覺中被時間沖淡了，而我也一直渴望過新的生活，所以這重新開始的動力，讓我想徹底的遠離過往、繼續向前移。於是我選擇饒恕，原諒這個曾經的家人。況且他是孩子的爸爸，和孩子有著不可分割的血緣關係。我不想讓孩子陷入兩難的地步，所以以友善客氣的態度來對待，與他保持和睦的關係是必要。我總認為「不與我為友的，我也沒必要與他為敵」，就是這種和平相處的道理。

我和前夫的家人至今也仍保持友好，或許無法再像過去這麼熱絡、或許沒有頻繁的互動，但是每年的除夕夜，我寧願一個人過節，也一定安排孩子們回到爸爸家，讓他們和父家的親友吃團圓飯。每週或不定時地安排親子相聚，以維持親子間的情感能暢通交流。偶爾若發現孩子們太長的時間沒有與父親見面時，我也會友善的傳個簡訊提醒孩子的父親。

過去曾有某媒體又把我和前夫的離婚舊聞拿出來報導，當時有一些臉書民眾忍不住在報導的下方留言區公開回應。有好些惡毒的話，句句都衝著他責備、咒罵，即便離婚這事真的已經是幾年前的舊聞了，但是臉書上的某些網友依舊是怒氣沖沖的不放過他。我兒子在旁人的轉述下知道了這些狠毒的留言，他感覺非常難過，用沮喪卻又很講義氣的口氣問我：**「媽，我實在受不了這些人的惡毒，我可不可以回應他們？」**我很自豪兒子的善良，縱使這個父

即使兒子中文能力有限，對於網友在網站上無理的謾罵，兒子仍願主動上網為爸爸出聲。

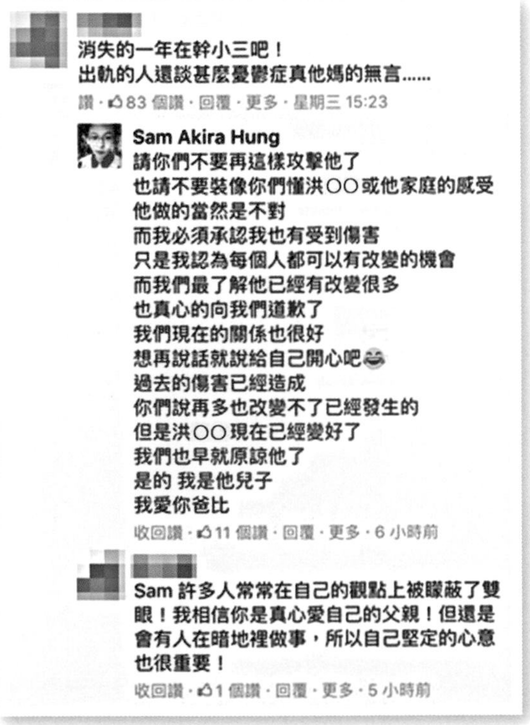
消失的一年在幹小三吧！
出軌的人還談甚麼憂鬱症真他媽的無言......
讚 · 83 個讚 · 回覆 · 更多 · 星期三 15:23
Sam Akira Hung
請你們不要再這樣攻擊他了
也請不要裝像你們懂洪○○或他家庭的感受
他做的當然是不對
而我必須承認我也有受到傷害
只是我認為每個人都可以有改變的機會
而我們最了解他已經有改變很多
也真心的向我們道歉了
我們現在的關係也很好
想再說話就說給自己開心吧
過去的傷害已經造成
你們說再多也改變不了已經發生的
但是洪○○現在已經變好了
我們也早就原諒他了
是的 我是他兒子
我愛你爸比
收回讚 · 11 個讚 · 回覆 · 更多 · 6 小時前
Sam 許多人常常在自己的觀點上被矇蔽了雙眼！我相信你是真心愛自己的父親！但還是會有人在暗地裡做事，所以自己堅定的心意也很重要！
收回讚 · 1 個讚 · 回覆 · 更多 · 5 小時前

親曾經離開他，但是他卻沒有放棄爸爸，竟還心疼他遭受言語攻擊，忍不住想為他出聲。

所以當時我非但沒有阻止他，還鼓勵他以就事論事的原則，不與觀眾陷入唇槍舌戰中，我同時更稱讚他的勇氣，深深的以他為榮。

在他回應這些惡評人之後，我看到也有民眾上去聲援兒子，心裡就覺得很安慰。我知道這個父親曾有的過失，並沒有影響兒子對他的尊重，他還是願意繼續愛爸爸。此刻的我實在感恩不已，特別在歷經家庭風暴之後，孩子們都能相安無事健康的過生活。

協助孩子，修復親子間的關係

製造父子破冰機會，讓親子和好

我與前夫分開兩年後，我的孩子有一次公開在教會分享過去那段心境歷程，那時我才知道，平常在我面前表現很冷靜的孩子們，原來在當年父親離去時，常常在暗夜裡偷偷哭泣。這三個小大人在那段日子裡，早熟的吞下許多委屈的眼淚，而我卻兩年後才知道，這讓我更覺得不捨。記得在我正式與前夫離婚之後，即使孩子們對父親充滿疑問和不諒解，但為了避免我難過，他們就是絕口不問「爸爸」的事。

當時我能感受家中那股沉悶的氛圍，每個角落都充斥著不能碰觸的痛覺。孩子們失去了爸爸，已經不再像過去那樣無憂無慮了。他們三個表面上也看來沒事，日子照過，雖然沒有因為父母離異，出現什麼讓人擔心的行為，但還是感覺有一種痛，隱藏在他們緊閉的心扉。

回首我的遺憾童年，我也曾不諒解自己的父親，但是那些過往無謂的糾結，卻帶給我許多負面的後果，導致我人生的初階就留下很多後悔。有了這種痛苦的經驗，我實在不願孩子們和我一樣，有任何縫隙去讓往事糾纏，或讓傷害偏差了他們的思想。我明白只要願意原諒父親，親子間的關係才有機會修復。我不想勉強孩子的決定，非要他們不是發自內心的去原諒爸爸，但是為了孩子能健康成長，我有責任引導，讓每個人都能親自感受那種「放人一馬所帶來的快樂」。

離婚前全家長居海外，離婚後考量了許多因素，我就決定把孩子帶回台灣定居，原因之一也是為了讓孩子們可以常常和爸爸相處，製造他們和好的機會。

回到台灣約莫兩年的時間，三個孩子從沒跟爸爸見過面。那天首次再碰面，孩子們感覺很緊張、也很陌生。雙方彼此互動間所出現的，都是尷尬、不自在的反應。許久不見，就是要重新把感覺找回。我鼓勵他們：「**只要多見幾次面，尷尬就會很快不見了，你們若先接納爸爸，一切就能重新開始。**」

我仍繼續安排孩子們與我前夫吃飯，但是那表面的互動與客套持續了一段時間，傷害所造成的疙瘩卻仍然存在。我知道自己已經盡力了，沒有什麼能為他們做的了，關係要恢復，就只能為他們繼續禱告吧。

人生最正確的決定——選擇饒恕

隔年夏天，在一個為期四天的基督教青年營會中，我的三個孩子被牧師講台上的「饒恕」信息觸動了。同時有許多青少年也是瞬間淚流滿面、痛哭不已。孩子說，在晚會當下有許多過去的事件，突然間浮在腦海，他們發現自己不快樂的原因，都出在心中的那股「悶氣」——不願意原諒爸爸。但是那晚他們被聖經的話語提醒，也同時被聖經的話語安慰，於是他們單純做了一個「饒恕父親」的決定，決定從此不再生他的氣了。他們此後便常常向青少年朋友們分享——**因為選擇饒恕人的過失，所以才能得到真正的自由與平安。**

這些年來藉著一次又一次的相聚，他們彼此心頭的疙瘩不僅沒有了，孩子們更深刻體會到自己關鍵性的決定，對他們及父親一生的影響有多深遠。因為選擇饒恕，才有機會讓彼此的關係得到修復，同時讓受傷的情感完全得醫治，這真是件值得慶賀的事。

孩子與父親的關係修復了，這是小女兒美福給爸爸的父親節禮物。

離婚的父母雙方應以孩子的利益為第一優先

放下夫妻間的恩怨，做個有修養的父母吧。不管當初離婚原因為何，對孩子的傷害都已經造成，所以只能避免讓負面的事件再擴大。盡力的保護孩子，避免讓這段已經切割的關係，有任何延續傷害的機會。

特別是離婚初期的心境修復階段，更是步步都要謹慎處理。若雙方意氣用事、不顧慮孩子的感受而任意妄為，傷害最大的還是孩子。所以為了孩子們的身心健康，我理出了幾個原則，雖然不易做到，卻是雙方必須要遵守實踐的。

原則1：不惡言相向、不計較過往、不互相鬥氣

我在乎孩子的感受，勝過我自己的感覺，姑且不論我和他們的爸爸誰會吵贏吵輸，只要一對立，孩子們都會為所愛的兩方為難、傷心。既然如此，不如大家和睦相處。過去的舊傷口已經夠多了，若為了發洩一時的怒氣，又製造出新的傷口，那將是最不智的結果。

原則2：不在孩子的面前數落他們父親的不是

我必須承認曾經對孩子的爸爸有些不滿，但這是我和他的事，也是我主觀的看法。當人在數落評斷人時，通常話語必定帶著情緒，也尖銳負面。若有一方硬是不約束自己的口，還要在孩子的面前碎念對方，這會把孩子誤導至彼此仇恨的偏差地步。因此我會留意說話，絕不在孩子的面前數落他們的爸爸。除此，當我設身處地尊重孩子的所愛時，我也一定能贏得孩子們的尊重。

原則3：讓孩子與對方的家人保持和睦關係

我喜歡和睦，我也鼓勵孩子們與人和睦。所以至今他們和爸爸那一方的家族，仍然維持良好的互動關係。不管過年過節，或是平時的家族聚餐，一定盡量安排孩子們出席。夫妻雖然分開了，我也不禁止孩子與對方家人見面，更不會製造任何分裂，讓良好的互動繼續維持。這些對彼此家人的尊重，會讓孩子更有安全感，也能夠避免敵對與仇視，維持真實的和睦關係。

原則4：大方為對方祝福：父母過得好，孩子就過得好

每次當女兒在為爸爸操東煩西時，這種現象會令我難受極了。所以我希望孩子的爸爸能過得好，女兒就會少一點煩惱。我和孩子們一起禱告時，也會特別為他們的父親祝福。這些舉動除了能讓孩子們心安，我也會因為他們的心安而安心。既然不能做夫妻，大方的為對方祝福，維持合宜的關係，能讓彼此的心活得更寬廣。

原則5：管控好情緒，絕不遷怒於孩子

我不把失婚的怨氣發洩在孩子身上，因為若要逞一時之口快，只會帶來日後更多的傷害。我知道遷怒並不能改變任何已經發生的事，但卻會增加傷害。傷害很容易在瞬間造成，但要修復卻是必須花費更多的功夫。控制好自己的情緒，把嘴巴管好才是上策，我們的情緒即使不好，也絕對不干孩子的事。

原則6：不離不棄，承擔養育孩子的責任

孩子也是我生下來的，既然如此，他們也是我的責任。我家老三常為我擔心：「媽咪！妳到底有沒有錢付學費？」我的一貫回答是：「不用擔心，上帝早就準備好了！你只要盡你的責任，做好你該做的。」不管養不養得起，我不會因為遇到困難，就撇下他們不顧。不離不棄，這是我唯一能給孩子最珍貴的承諾。

與父母修復關係

我十四歲時，曾經因為父親的不當管教，導致我開始蹺家、蹺課、休學。這件事讓我對父親除了心生恐懼外，也對他懷怨在心，因此我與父母的關係逐年疏離，即使見了面也只能表面的交談。由於前帳一直未清，所以我對爸爸充滿疙瘩、也總是閃避。長期以來，我與父母之間若不是冷漠相待，再不就是互相惹氣、說話傷害。與親人間的這種不和睦問題，讓我過得很不快樂，雖然我也渴望有溫暖的家庭，但我與父母間長期的不良互動，卻不知要如何改善。

年復一年，我就在不和諧的家庭氣氛中，帶著情感裂痕一路尷尬的長大了。我曾經在心裡怪罪父母，我總認為我的人生就是因為童年的傷害而無法完美了，因此常常自怨自艾，更不覺得應該感謝父母的生養。過去，我除了羞於跟人提到我的童年，也害怕別人知道我那吵鬧家庭的原貌，所以無法坦誠交友，和人的關係也僅於表面的往來、難以深交。失去家庭關係的和睦、與家人間的冷漠疏離，都間接的影響了我其他層面的人際關係。只是當我想改變現況卻一直不得其法時，我以為這輩子就只能這樣無奈的接受事實了。

原來人生還是有轉圜機會的！

或許父母的責罵管教都出於善意，只是以當時十多歲的年紀而言，我就是同理不了他們的用心。在我二十三歲進教會開始、在我讀過《聖經》之後，我才稍微知道饒恕和孝敬父母的真理，後來藉著婚後生養自己的孩子，父母過去那些辛勞的付出才讓我在一瞬間恍然大悟，全都明白了。

當我試著從另一個角度去思考時，我才看到自己的疏失。說也奇妙，當我先謙虛自己、去修正、去改變自己的錯誤時，我彷彿有更大的空間來接納父母的不完美，我和父母的關係也終能有修復的機會了。

其實在未婚前，我一直是帶著父母留給我的傷害在過日子，也因為無法原諒父親，所以每天心裡就像裝滿了火藥，對他們說話都是怒氣沖沖、不太友善的。當然他們不知道原因，只是每次看到我表面的暴衝現象時，就會更加火大。我們彼此長期用不耐煩的口氣說話，而這種惡性循環的互動，坦白說，實在感覺糟透了。每次父母都被我氣得半死，但卻也束手無策，因為沒有方法改變我，只能無奈的縱容我這樣霸道下去了！

不敢相信，我竟然能夠和父母這樣不愉快的相處了十多年，直到婚後，我看到《聖經》中一個簡單的教導，卻是不容易做到的——**「要使父母歡喜、使生你的快樂」**。我從表面的文字去體會，思考這內在的涵義後，最後才理出一些因果關係。而當我渴望**「家庭相處模式改善，不要帶著遺憾終老」**時，當下便付諸行動、不再遲疑了。

我給自己明確的目標，也列出一些實踐的方法，我挑戰自己的第一個改變，就是從「改變對父母的態度」開始。

有決心、也有行動的話，怎麼可能有做不到的事呢？這就是我內心深處的自我對話。**我從每一天心平氣和的與母親講五分鐘的電話開始，一天五分鐘，循序漸進。十分鐘、十五分鐘，一次一次加長對話的時間、一點一點磨練自己的耐性，用異於平常的態度與她交談。**就像聖經教導我的，要愛你們的仇敵，為那逼迫你們的禱告。連敵人我們都要愛了，更何況是自己的爸媽。

一直到真的有一天我能語氣柔和，也能耐心的傾聽母親說話五十分鐘為止。從增加良好的互動機會、到耐心的與父母交談，我竟然做到了。好像沒有那麼難，一旦我願意做，真的就會增加成功的機率。用溫和的說話態度重複練習，久而久之也就成為我的說話習慣了。

一段時間過去之後，我的母親發現這個女兒和以往有很大不同，性情上也有很明顯的轉變，不再是他們所認為的無可救藥。甚至還常跟親友說：「**我的女兒被上帝撿回來了。**」

他們更是好奇，這個原本很令人頭痛的女兒，怎麼會一夕間改變呢？於是有一天就跟我上教會，想要知道上帝究竟怎麼改變我。後來，從第一次跟我上教會之後，我的父母就開始和其他人一樣，讀聖經、禱告，一起參加教會的大小活動，幾個月後也受洗成為基督徒了。

我們願意一起丟掉以往的舊思想、一起放下過去的傷痕、彼此饒恕，然後重新開始

當我和父母放下過去傷痕、彼此饒恕，開始新的關係之後，連同我的孩子和他們之間，關係也更緊密了。

一段新關係。在這樣持續和睦的相處下，我們的關係完全修復了，疙瘩早已不再，與父母一起也總是和樂無比。

也因為後來與父母的關係更親近，所以特別在失去婚姻的這種艱困時期來到時，娘家才能成為我的依靠。雖然我的父母不是萬能的，但是他們卻是我能放心商策的對象，讓我不致孤力無援。這些好處都是因為良好的家庭關係帶來的益處，我慶幸我能及早發現，才能盡早享受親情的溫暖。

近些年來父母的年紀漸長，父親的身體已有部分衰退現象。時光的飛逝實在令人不勝唏噓，但這些現狀更讓我看見自己身為兒女的責任。所以我比過往付出更多時間來關照他們，願他們也能因為我的孝心而欣慰。期望爸爸媽媽能因為兒女的成熟而減少掛慮，並且無後顧之憂地享受晚年生活。有一種很奇妙的感覺，就是當我每一次盡到兒女的職責去取悅他們時，我的心就會感到滿足，即便只是從錢包裡掏出一點微薄的金錢來孝敬，這都讓我很開心。

我感謝爸爸媽媽用青春歲月，成就了我現今的人生，這段「失而復得」重新被修整的關係，原來是這麼寶貴。

與朋友修復關係

失婚之後，我當時就像蠟燭多頭燃燒，因為要顧到孩子的心理狀態、顧慮他們的教育，也要為家計打算，還要隨時調整自己受傷的心情。為了有更多的親人、朋友在身旁陪伴，於是我「拎著」三個心不甘、情不願的孩子，從溫哥華回到了台灣。

離婚後，除了三個孩子，我看來確實失去了所有；失去了丈夫、失去了經濟支柱，只是屋漏偏逢連夜雨，我和前夫的共同朋友、家人，有些就很明顯的不再和我聯絡了。除了震驚，我立即能感受到兩極化的人情；有人雪中送炭，也有人落井下石。

幾個原本在離婚後和我還經常互動的朋友，卻在半年後公開的與我劃清界線，這讓我更是心痛。查明原因後才知道，原來他們是害怕被認為「選我這邊站」，因此刻意不再與我往來。我表面裝作不在乎，但其實內心卻有說不出的難過。畢竟他們曾經讓我以為會一直陪伴、支持我，如今卻在毫無預警的狀況下遠離我。我為自己的處境哭了一晚，也知道人人都有不得已的苦衷，但是對於當時剛失婚正需要援手的我而言，無疑是二次的傷害，讓我對這世道人心的現實感到遺憾。

當下我立刻把自己的心封閉起來，不再對任何人掏心掏肺了。難過了幾天之後，我試著在情緒的低潮狀態中，用另外一種想法來鼓舞自己。

「沒關係！反正這已經是我人生最悲慘的時刻，也是我人生的最谷底，再也不會向下跌，因為已經糟到不能再糟了。」

當我從另一個角度來看這件事之後，我的心境漸漸轉變，我告訴自己：**「或許少幾個朋友往來，對我的處境會更好。」**

因為人的一生很短暫，時間太有限了，我在生活中必須要把有限的時間分配給孩子、家人、朋友、工作、休閒、睡眠，這許許多多的人、事。若朋友太多的話，一定會更讓人分身乏術。

我也突然間體悟到，好像該深交的我花不夠時間與他們往來，不值得深交的卻分掉了我一些寶貴的時間。所謂的不經一事、不長一智，從那個時候開始，即使我知道還有任何人要離我而去，我都不會再感到難過了，因為正好可以藉此機會過濾我的朋友，重新建立好友名單，好讓我能把更多時間留給願意珍惜我、常常想要和我同在的家人和朋友了。

在此除了感謝留在我身邊陪伴的朋友，也感謝選擇離開我的朋友，或許因為他們的離開，反而激勵我的鬥志，提醒我每一刻都要準備好，因為我不會再往下跌，準備隨時要往上爬了。

好朋友是？

我覺得我的好友定義應該是：**在我患難時憐憫我的處境，在我需要時伸出援手的人。**他們認識我、也信任我的為人，他們會願意先辨明流言是非，而不是在第一時間與我劃清界線。好朋友會有勇氣支持我，公開的拒絕錯誤的事，不會因為受到威脅或人情的壓力而離棄我。他們在我受委屈時，會公義的站出來為我說話。他們願意鼓勵我、祝福我，他們欣賞我、也樂於看見我成功。雖然世上少有這樣的知音，但是很幸運的，目前我的生命中，確實是擁有幾個。我把他們留在我永遠的通訊錄裡，而我自己也以同樣的心來對待他們。

至於那些**不和我為友的，我也不與他們為敵。保持適當的距離，不得罪、也不失禮**，這就是不需要花時間就能維持的和睦關係（點頭之交）。如此不僅可以確保自己不再輕易的因為這些不重要的關係而受傷，也不會在人際關係中留下任何傷痕。

也因為我曾經有被朋友離棄的經驗，往後我對於處在患難中需要援助的朋友便更加同理了。我常常在生活中鼓勵凡是喪志的人，也願意陪伴失意的人。「**成為軟弱者的倚靠、成為需要者**

的肩膀」，盡我所能，這是我常常提醒自己應該做的。

我相信美好的人際關係，將是我今生最重要的資產，它會使我的人生拼圖更完整、無缺憾，因為我用心的經營它。

PART

3

活出更美好，幸福自然來

Chapter 1

新造一個溫暖的家

我小學時期，因為父親的職業經常需要調遣的關係，全家人也得跟著南遷北移。轉學、不適應的陰影，再加上我和父母的關係不和睦，在我幼小的心中留下極大的陰影，導致當我失婚時，頓失倚靠的失落感更加無所遁形。

雖然無奈躲不過人生這一刻的磨難，但我還是坦然的處理離婚的後續問題，擔負起養育孩子的責任。而當我「硬是」把三個孩子帶回台灣，才是我人生新挑戰的開始。

規畫新家藍圖，給人生新的動力

當時我選擇回台灣，絕對是經過多方考量的。只是沒想到三個孩子一開始所表現的竟然是強烈的抗拒。

記得要離開溫哥華時，十三歲的兒子告訴我：「**媽咪！我從五歲就生活在這裡，這裡有我人生大部分的回憶。**」他的意思是不願意回台灣定居。

而我的兩個女兒則是因為要跟朋友分開，哭得非常傷心。

我看著他們，就像是三株將被狠狠連根拔起的樹苗，要移植到新的土地，那種被迫面對未知新環境的恐懼，活像是重演了我年幼時的經歷。我完全能同理他們的心，也為我們這個家庭無奈的處境難過，只能把希望寄託在我們的未來，深深盼望這個新的開始能夠終結一切的遺憾。

為了讓孩子們再次享受家的溫暖，我心中有一股很強的信念，就是一定要用自己的能力，快快的重建家園，讓孩子快樂的長大。我希望在和孩子們同心的努力之下，能讓我們曾經意外失去的，都能重新被補足。

我的頭腦裡有個很清楚的「新家藍圖」，我失婚當時的沮喪心情，之所以能在短短的幾天內轉換，完全跟這份藍圖有關，因為我渴望看見孩子們的幸福成長。

四年前一回到台灣，我便開始積極尋找一個可以落腳的地方。為了改善年幼時家庭所帶給我的負面觀感，更為了在家庭破碎後，穩住孩子們和我自己漂浮的心，所以即使當時我的經濟狀況並不優渥，我仍是咬緊牙根，花了不少心力、時間和金錢來「築巢」。

我很清楚這個「安身處」對我們來說有多重要，所以就順著心中的感覺與想法去佈置它。不管佈置這個家的花費需要多少，只要在我的能力範圍之內，我都願意付出；我認為藉著這個

創造溫馨的家庭氛圍能穩定家人的心。

房子所發揮出來的功用，是無價的。

這個房子明亮寬敞，在視覺上讓我們身心舒暢。而我花心思所挑選的居家用品，也給我們一份特別的安定感。

藍色的布沙發為這個房子增添了家的溫暖；一束白色的鮮花、一個馬克杯、一條軟軟香香的毛毯，還有很多很多……。

總之，只要覺得什麼能為這個家帶來新氣象、什麼能讓孩子和我的心平穩，我都會不吝嗇的依自己的能力添加，直到家人的心因為便利舒適的生活漸漸被滿足。我希望能夠創造一個充滿生命力的空間，一個能讓我們呼吸到自在的空氣、對未來感到興奮的住處。

家裡任何角落都有我花心思挑選的居家用品，它們能帶給家人一份特別的安定感。

創造一個被愛填滿的避難所

我心中的家是一個避難所，也是一台無限量的發電機。孩子們若在任何時候耗盡電力，或是遇到什麼難過傷心的事，只要他們一進門、投入我的懷裡，只要有我在，就能隨時為他們補足電力。經過我的鼓勵、安慰之後，他們的心情就能煥然一新，忘掉所有不愉快。

我理想中的家也是一台恆溫器，孩子們在家中能持續保有愛的溫暖，因此他們會喜歡親近家人，也喜歡回家。

家更像一間萬能醫院，無論家人在外面為何受傷，這個家都能醫治修復、癒合破碎。在這個家中，家人間因為情感交流而健康成長，大家互相保護，也相互的鼓勵扶持。總之，家能重建我們的生命，使我們在愛中持續成長。

每當我看到孩子們快樂安穩的在這個房子裡面生活，我就會為自己所做的一切感到欣慰。所以即便常常要在外地忙碌勞累，即便為了供應這個家庭的需要，一刻都難空閒，但是「家」這個甜蜜的負擔，就是我努力工作的動力，它讓我無怨無尤，繼續完成建造家園的夢想。

如今，幾年過去了，即便我現在只是隨意的坐在沙發上發呆，或是不經意的撇見花瓶中剛剛換上的鮮花，這些令我覺得安穩、小小卻深刻的感動，都會在我心中無限擴張，除了滿懷的感恩，還有那無比的幸福，讓我止不住從心底湧出欣喜快樂。

我很慶幸自己及早發現能維繫這個家的平穩定律，即時的為自己和孩子們創造了一個溫暖可安歇的歸宿。我認為人縱使很容易隨著自己的境遇而改變心情，但若是背後有穩固的家成為生命的基地，來制衡環境中的失衡，心境就不會像我年幼時那樣，隨波逐流、漂浮不定了。

新家就是我創造出來的溫暖空間，我希望家人都能因為這個家被愛填滿。這個家所給予我們的平穩安全，遠遠超過金錢所能給的。家給我的多重價值，在我心中形成了一股強大的力量，讓我的心總是如同帶著船錨，停泊在岸邊的船一般，穩妥、自在、安心、無懼。

孩子常對我說：「媽咪！我好喜歡我們現在的家，我現在都不想出門，因為家裡好舒服。」

「媽咪！我週末可以帶同學來家裡嗎？我好想讓她們看看我的房間。」

「媽咪！台灣真的好方便，還好我們有回來台灣。」

Chapter 2

有效率的時間管理法

一人照顧三個孩子，還要處理所有的家務，常常感到時間不夠用。二十年的經驗，讓我摸索出一套屬於自己的流程，讓我終於能得心應手地處理這些大小事，同時又獲得足夠的休息。

規畫好行程，讓生活精采充實

身為女人，當被一家大小依賴時，會讓我覺得自己很有價值。因為這種被需要，因為愛與責任，我自然就更甘願地為家庭賣命。特別在二〇〇五年我們全家移民到溫哥華之後，當我處在人生地不熟的異鄉，身邊又沒有任何幫手協助時，要同時理家，又要把三個年幼且年齡相近的孩子照顧好，真的是一個高難度的挑戰。

我常常絞盡腦汁，在每天臨睡前揣摩隔天的行程，不斷想著該如何將時間分配得宜，讓每個「To do list」上面的事項能省時、有效率地完成？我認為孩子們五歲以前，只要讓他們不生病，餵他們吃飽、陪他們遊戲、哄他們睡覺就好，這些對我來說都是輕而易舉的事，但是隨著孩子的年齡增長，身心各方面的需要不同，我就要空出三倍的時間、預備三倍的體力，才夠供應全家的需要。

除了照顧孩子之外，還有每天必做的繁瑣家事，時間真的不夠用。若再加上偶爾需要處理的稅務、帳務、雜務、孩子學校的校務，還有教會的服事、聚會，我壓根兒沒有自己的時間！正因為如此，所以很自然的，我會把自己的需要排最後了。

以前曾聽說有些女生害怕結婚生子，因為一旦有了家庭、孩子，就會失去自我、沒了自由，我想這是很多人都已經遇到的狀況。其實我自己是在一個偶然的狀況下，看到一個家庭主婦，我才真正注意到該平衡的照顧家庭和自己的重要。

大概在我們全家移民去溫哥華的第一年，我帶著孩子們從購物中心走到停車場準備開車，不遠的前方看到一個陌生的媽媽，牽著孩子的手從我們身邊經過。她的身上散發出一股很強的「媽媽味」（油煙味、頭垢味），但那慈祥、憔悴的樣貌卻令我難忘。我那時心裡一驚！懷疑自己給人的感覺，是否有天會變成那樣？從那一刻開始，我就在心裡提醒自己，我一定要同時把家庭跟自己都照顧好，不要忙到忘了自己。

照顧家庭超過二十年的經驗，我理出了一套能有效運用時間的方法。

先做重要的事，雜事集中處理

時間的分配很重要，按照輕、重、緩、急來排處理的優先順序。重要的事優先完成，若時間不夠用，刪掉「今天沒做也不會怎樣的事」，也別把自己累垮。我日常生活中有一些「沒做也不會怎樣的事」，例如：看電視或聊天哈拉。

通常我會把需要出門辦的事，在腦子裡排練過一遍，順路能辦的就一起處理。我不希望發生一種情況：辦這件事時出門一次，等一下那件事要辦，又要再出去一次。這樣很容易浪費多餘的時間在交通上，可能忙了一整天就只有完成一兩件。

分享我一天的行程，大致如下：

◈ 每天凌晨起來上廁所時，我會把前一晚泡在水裡的黃豆放進電鍋煮，一個開關按下去之後，我就再回床上睡，反正電鍋會自己煮熟豆子。

◈ 早上六點起床後，先確定每個孩子都已經起床，然後立刻鑽進淋浴間沖個熱水澡，讓自己清醒過來。

◈ 沖完澡套上乾淨的衣服、吹乾頭髮、擦好保養品，就進廚房打豆漿、做早餐。

◈ 孩子在吃早餐時，我就接著料理他們的午餐。

◈ 午餐做完，打包好餐盒，他們也剛好吃完早餐，接著就載孩子們上學。

◈ 把孩子送進學校後，其他就是我自己的時間了。

◈ 偶爾我會把車停在校園旁，在車上邊聽音樂、邊禱告、讀聖經，或者和朋友通通話聊天分享近況。

◈ 一小時後我開車回家，吃個簡單的營養早餐後，便開始一天的清潔打掃。

◈ 有時中午會約三五個朋友聚餐。在臨出門聚餐前十五分鐘，我會順手把冷凍庫裡的肉從冰箱裡拿出來退冰，也把青菜洗好，把洗乾淨的米放入電鍋，也會先把晚餐煮湯的食材放進燉鍋，按鈕一按後就出門赴約了。

◈ 一個半小時和朋友們開心的用餐，之後一起

小黃瓜和紅蘿蔔是孩子的點心

去買菜，結束後就順道去接下課的孩子們。

◈ 一接到孩子後，讓他們在去上音樂課的車程中吃點心，那點心是我在出門前順手為他們做好的；這些點心可能是簡單的三明治，或是綜合水果、起士條等。

◈ 當孩子吃完點心，差不多也正好到達他們學琴的地方了。

利用時間單獨陪伴孩子

當其中兩個孩子正在上小提琴課時，就是我單獨陪伴另一個孩子的時間。我除了聽他分享他當天發生的事，也會把想要讓他學習的事情跟他交換意見。

等另兩個孩子上完課出來，那麼就是我和其他兩個孩子聊天或者看書、寫功課的時間了。時間總是飛快的過去，兩個小時之後，我又要開車帶孩子們回家。

一回到家，孩子們各自做他們的事，而我則接續煮晚餐。

此時出門前在燉鍋裡放的食材，已經變成一鍋美味的湯，而電鍋此時也傳來陣陣的米香。那麼只剩下肉和青菜需要料理，烤個肉、炒個菜，十五分鐘就能上桌吃飯。

全家一起用完餐之後，趁著孩子們做功課的時間，我接著洗碗、整理家務，每天到此時，大概我也筋疲力盡，想休息了。

因為時差的關係，我習慣在睡前跟台灣的親友講講電話，然後就沖個澡，抱抱孩子、禱告說晚安。

馬不停蹄的忙碌，一天一天就這樣過了。最重要的是，常常這樣重複的做同一些事，經驗就愈多，對時間的運用就愈得心應手，也愈能有效率的完成許多事情。

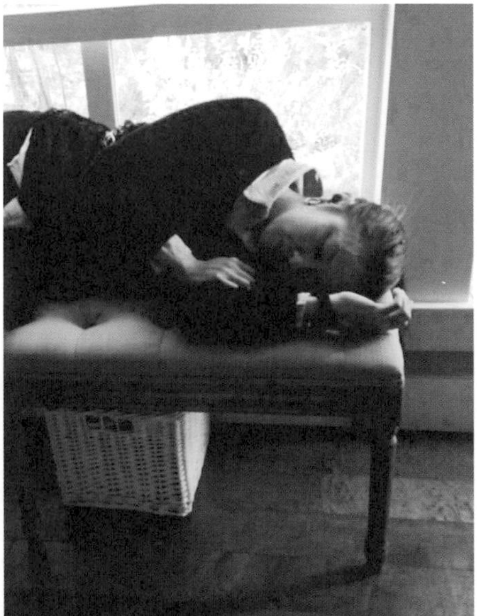

累了就要找個小空檔休息一下，以應付一整天照顧家庭的需要。

小心時間被娛樂電視偷走

我在前文中曾經提過，我剛失婚時，因為心靈極度空虛難過，當時除了禱告和朋友的陪伴，很關鍵的一個因素，是靠著看大陸連續劇而成功轉移注意力，使我漸漸淡忘失婚的痛楚。然而看一段時間之後，我發現我電視竟然看上癮了，有時為了追劇，沒日沒夜的看，犧牲了睡眠、犧牲了其他正常的作息時間。而在看劇的同時，寶貴的時間、健康也不自覺的流失，卻渾然不自知。

這是一個很特別的經驗，讓我很難忘記，還好我追劇的時間並不長，不到一年，我很快的有了新的生活目標，也因為發現時間不夠用、身體再也不堪負荷，漸漸的就不再對戲劇感興趣，進而遠離電視了。

至於幾種不能省的時間，依照我認為的先後順序列出如下：

1. **心靈**：和上帝說話的時間、讀聖經、看書、欣賞音樂會。
2. **責任**：照顧家庭生活、陪伴家人的時間。
3. **自己**：睡眠、休息、運動、調整緩衝情緒的時間。保養皮膚、簡單打扮自己的時間。
4. **人際**：好朋友、親人聯誼、上教會的時間。
5. **娛樂**：休閒時間。

睡眠充足幫助身體修復

記得十八、九歲時，我常在週末和朋友們一起去夜店狂歡，不然就是在卡拉ＯＫ店歡唱，或者騎摩托車夜遊到天亮。很多次我們在大半夜的街上，一群夜不歸營的未成年孩子，兩個兩個雙載去玩樂。一台接著一台，緩緩地跟車前進，這樣排成了好長的一串車隊。若遇到前頭黃燈開始亮，大家就會很有默契的快速停好車子，二十幾個人，像是受過專業訓練的舞者一樣，迅速變成兩排隊伍，利用停紅燈一分鐘不到的時間，就橫在大馬路上跳著整齊的街舞。綠燈一亮，一夥兒人又騎著小機車上路，從不在意路人的眼光。每個紅燈我們都這樣，在市區一路瘋狂的玩上陽明山。玩到餓了就吃消夜、消夜完了再接著吃早餐。一週的星期五、六，就大概這樣玩上兩天兩夜。

大夥兒總是玩到筋疲力盡、眼皮使不上力了，才不甘願的跟朋友們暫時說再見回家。雖然這段年少輕狂的日子已經距離我好遠，但是那種玩到快天亮、力氣快用盡的頭痛、頸項僵硬的不舒適感覺卻很讓我難忘。我年輕時不會自制，因為愛玩而不惜犧牲睡眠的行徑，現在自己想想還覺得真是瘋狂。

熬夜、不注重睡眠，在當年已經是家常便飯。不管媽媽怎麼唸、怎麼管，我就是左耳聽聽，右耳馬上就忘記。隔兩天又明知故犯，只要朋友一來找，我就像是人來瘋似的，跟著一票人，失控的又玩到天亮。

姑且不管媽媽擔心我半夜在外面玩，發生危險的機率大過白天。我只認為自己夠大了，知道該怎麼判斷、該怎麼保護自己。

其實或許她常常在擔心的是我的健康：**「妳該睡覺時不睡，身體都搞壞了，以後老了怎麼辦？」**我當年很難理解這些嘮叨。只覺得少睡一點又怎樣？不累就好了！熬夜、利用時間做別的事很好啊。無論如何，當時媽媽就是說服不了我。反正年輕本錢厚，體力就是比大人好。

結了婚之後，懷第一胎時的睡眠不足也讓我印象深刻。

懷孕初期，除了害喜讓我常常吐到不行，晚上也偶爾因為孕吐而睡不安穩。到了懷孕的中後期，胎兒在我肚子裡不時翻動、滾來滾去的，很像是頑皮的孩子在搗蛋，就是不讓媽媽睡覺。再加上孕婦很容易餓，躺在床上怎麼睡得著？所以從懷孕開始，我好像從來沒能好好睡一覺。

好不容易終於把他生下來了，以為至少可以休息多一點，沒想到新生兒寶寶兩個小時就要喝一次奶，因此他的哭聲就成了我的鬧鐘，幾個小時就來聲控我。只要他一哭，我就得立刻從床上爬起來餵奶、換尿布。每個夜裡究竟要醒來幾次，我也已經累到數不清了。

有一次我真的累垮了，癱在床上熟睡到不行。不知道過了多久，半夢半醒間好像有聽到嬰兒的哭聲，迷糊中感覺有人在吸吮我下唇，而且愈吸愈用力。我因為不堪其擾，把眼睛打開看個究竟，沒想到一睜開眼，竟然看到眼前是我那才幾個月大卻已餓到不行的兒子。他正猛力的吸允我的嘴唇，好像一點都沒有停下來的打算。我想他已經哭了一回我沒聽見，也因為餓扁了才試圖自己尋找生路，而我這個媽媽竟然累到忽略了他的哭聲！

就這樣連續的懷孕、生產，每相隔一年半我就有一個小孩，連續生了三胎，從生完第三胎又一直到孩子上學，我的少眠問題就這樣無限的延續下去了。

我曾在熬夜、不定時睡覺、睡眠不足的狀況下過了二十年，以前年輕時沒發現身體有哪裡不舒服，但是近幾年卻常常感覺不是這裡痛、就是那裡酸。不禁讓我懷疑許多器官已在我多年的惡待之下，多少出現些許異常的現象。

在朋友的建議下，我在某家大醫院花了幾萬元，做了全套健康檢查，把身體的每個器官、功能都仔細的盤查過。不光只是抽血驗尿而已，超音波、核磁共振，還有好幾種高功能的檢查，這些精密儀器掃過的地方，連我的骨頭現在處於幾歲狀態都能算出來。在檢查的同時，也因為部分器官初步發現有異常，所以醫生就順便做了進一步的切片。

一週以後，當最後的報告出爐時，我對結果實在很驚訝，也為自己的身體憂心，因為幾個重要的器官都出現了一點點小狀況，特別是竟有數十顆的息肉分布在我的腸胃裡。雖然經過切片檢查之後，並沒有細胞病變等異常現象，而我也沒有染上什麼大病，但是現在想想，如果能回到從前的話，我一定會好好顧惜身體，不再存著無知且僥倖的心態熬夜，讓身體長期不休息而錯過了夜晚那段最寶貴的黃金修復時間了。

現在的我很珍惜自己的身體，因為本錢會吃光，蠟燭也會有燒盡的一天。保養身體一定要趁早。能盡量早睡就早睡，吃完中飯後若還能來個午休時間更好，再加上適度的運動、正確的飲食習慣，就能常保我每天精神更活力充沛了。

Chapter 3

這樣吃這樣動，擁有好身形

健康過生活的人，就會呈現健康的樣子，「好的精神，好的體力，或好的身形與面貌」都是屬於健康的形象。

對我而言，管控飲食與運動習慣是我維持好身形與好體力的主要模式。不過，我並沒有嚴格到吃什麼都要算、都要查，更沒有變態到幾近瘋狂式的健身鍛鍊，而是用我感到最舒適、最沒壓力的方法來執行。

偶爾的破戒並不是滔天大罪，找到屬於自己、適合自己的健康生活原則，運用中庸平衡、不極端的飲食和運動方法，才能夠持續的健康下去。

自制力是健康的第一步

認識我的人都知道，我平常真的很忌口。雖然如此，總還是會有破戒的時候。好比凡人無法擋的「炸雞」，我也很難抵抗。偶爾難免會在嘴饞、肚子餓的關鍵時刻，不小心閃過炸雞這個飲食選項，能忍則忍，真的太想吃、忍不住的話，就乾脆開開心心，放縱地吃一場。然後，吃完之後再好好地後悔幾個小時，之後，警戒自己「別再吃了」。稍微拿出一點自制力，克制「想吃不健康食物」的欲望，十次裡面大概能有九次「抗吃」成功，這樣一來，就算有一次衝動吃了，也比較不會對自己過意不去。

人的自制力一向薄弱，稍不注意就會放鬆，我也差不多。對於健康飲食的堅持，其實多少來自對自己的恐嚇，尤其在看到、聽到、感受到吃不健康的食物對身體的危害後，我的管控力就更加提升了。畢竟科學都已有驗證，油脂在反覆高溫加熱下會產生有毒有害物質，一旦毒素在人體中累積，又沒有適度適時的排出，便讓體內器官的運作負荷變重，人也容易感覺勞累。我確實曾留意到，要是連續幾餐吃油炸或速食類食品，接下來的幾天，不僅會明顯感到口乾舌燥，體力也會變得衰弱些。更可怕的是，**炸物含有高脂肪**，吃了不僅會造成肥胖，也會導致慢性病變。

還有幾類食物，我幾乎是避而遠之，好比**罐頭食品**，**我幾乎不碰**。泡麵真的很好吃，但半年才會吃上一次，因為每次吃完都會有莫名的罪惡感，所以還是不吃為妙。**罐裝飲料我也不敢喝**，報導就說那些都是香精香料調製出來的「化學飲料」，不只是糖分超標，有害物質也不少，營養價值寥寥可數。口渴時，**我只喝水或者新鮮現打果汁**。其實，牛奶也是不錯的選項，偏偏我每喝必拉，為了腸胃健康，我就以蛋白質豐富，但熱量少一半的豆漿代替。

不過，該放鬆的時候就得試著放鬆，或說合理的放肆一下。不然老是把自己逼到臨界點的自制力，是很難堅持到最後的。偶爾，因應聚會喝點小酒，透心涼的啤酒、濃醇香郁的紅酒等，都是我的最愛，適可而止的飲用，都是可以被接受的。看電影時，汽水加上爆米花的組合，讓我在休閒娛樂之餘解解甜食的饞。

想吃就吃自己做的最安心

唯一讓我零抵抗力的，就是麵包與糕點。我對麵包或糕點類，根本是毫無抵抗力。臺灣的麵包師傅實在厲害，用白麵粉搭配各種食材，就能做出一個又一個造型新穎、口味吸引人的麵包，又香又美的排列組合，每每誘惑著我的味蕾。

我愛吃麵包的程度很誇張，尤其是麵包店剛出爐時，那種香味實在讓人不知不覺把持不住。肚子餓時，更是三七不管二十一，非得進去晃晃不可。我不是大胃王，以我這個小小的胃，塞的下一個麵包就很了不起。但眼前的麵包排排站，似乎一個一個都在向我招手，這個也想吃、那個也想買。每進去一趟麵包店，或許才短短十分鐘而已，就跟著了迷一樣，回過神來已經結好帳，手裡拎的是比本來想買的多出好幾倍的麵包。

家裡就我愛吃麵包，我卻把一家大小的份都買了，而且不是一餐，是連後面好幾天的點心、正餐全買了。每次買完總是先後悔一次，吃一個就飽的我，看著整袋的麵包，又會再後悔自己為什麼要這麼貪心。我其實知道這些精緻麵食對身體根本沒有好處，有些麵包店製作麵包所用的油和添加物，更是危害身體健康。幾次的後悔，幾次的失控，為了健康我只好強迫自己遵守買麵包原則。

第一，絕對不要在肚子餓的時候走進麵包店。

第二，如果真的忍不住、很想吃、非吃不可，買一個就好。不需要為其他人準備，更不需要用明後天備糧當藉口。

第三，今天如果吃過麵包，就要等一週後才能再吃，以免累積太多對身體無益處的糖分、熱量。

後來，為了健康與嘴饞能同時被滿足，我乾脆自己做麵包，這樣一來，就不必擔心吃進太多添加物，自己做麵包可以彈性替換原料，減少不健康的油脂與用料了。

剛開始只是為了健康因素做麵包，後來我做麵包竟做出心得，也做出興趣，像是饅頭、蔥花卷、各式西點麵包等等，市面上很多食譜，網路上也有很多教學示範，我常常看完後減糖、改料的再做一次，不斷地試出最合自己口味也最健康的食材配方。只要有心，利用一點時間，全家人就可安心的吃到美味與健康。

剛開始只是為了健康因素做麵包，後來做出心得，連饅頭、花捲、西點都自己動手做。

和孩子一起動手做麵包，不僅增加生活情趣，也吃得健康、吃得安心。

不要忽略身體發出的無聲抗議

不過，無論如何，吃任何東西適量就好，即使再營養的東西，過量都會對健康造成不良影響。還好，我的身體還算滿聰明的，過多不好、不健康、不適合的食物，都會從身體裡發出無聲的抗議，像是覺得口乾舌燥、長痘痘、便祕或拉肚子。這些情況或多或少對我都有些警示作用，似乎在提醒我要忌口，別再吃那些進得去卻很難排出來的食物，而是要均衡的健康飲食，讓身體維持良好狀態。

住在國外那些年，每次從臺灣回加拿大，就會帶著滿滿一行李箱的鳳梨酥、太陽餅、古早餅等，美其名是說要當伴手禮回去做公關，實際上是因為自己愛吃，想一解思鄉之苦。我就曾經因為沒有節制，把帶回加拿大的鳳梨酥一個接一個狂嗑，隔天臉上竟然冒出一堆可怕的痘痘。後來我才知道，原來坊間的麵包和糕點在製作時，為了口感上的考量，多半使用氫化植物油來做，這類油脂所含的反式脂肪，恐怕就是我痘痘狂冒的原因了。

除了難以抗拒的糕點，我日常的飲食也是透過一直觀察身體的反應，來變更替換飲食。例如：晚餐吃肉類我總是覺得消化不良，所以就會量吃少些或在中餐吃。豆漿連續喝幾天我會脹

清淡煮食 - 芝麻秋葵

我的健康飲食，一定有優質的蛋白質及蔬菜水果，精緻澱粉則少碰。

氣，所以就會喝一天休息一天。好多年下來，我逐漸調整自己的飲食模式，和我年輕時，想吃什麼、就吃什麼有很大的區別。現在年過四十了，我開始少吃白米飯或麵食等精緻澱粉，大多用地瓜、馬鈴薯、玉米、糙米飯、五穀飯來做替代主食。我自己煮豆漿、五穀米漿、糙米漿、薏仁漿，也燉各式各樣的雞湯、魚湯。優良的蛋白質或蔬菜、水果，也是我生活中少不了的飲食，即使食慾不佳時，也還能吃個生菜沙拉、水煮蛋或做個簡單飯糰壽司，補充一些維生素，也增加一點飽足感。

嘴饞想吃東西，就挑乾果核桃類、無鹽的海苔當零嘴吃，煮些紫米紅豆或綠豆薏仁湯當甜點，還有新鮮的冷凍水果，也能用果汁機變成美味的果汁或冰沙。而若有時不下廚，要聚餐、要外食的話，我比較常吃火鍋。因為火鍋的食材種類比較多，只要留意不要喝太多湯，比起其他料理，它的營養價值比較多重。

吃東西前，我一貫的思考模式是：「**我想吃的這些食物，吃進去之後，排得出來嗎？還是會無限的堆積在體內排不掉呢？**」這樣的思考模式有助我擋掉很多想吃的慾望，避開不少好吃、好看、好香卻好不健康的食物進到我身體來危害我。

多喝水，代謝好，皮膚好，體力好

我並不是從小就知道喝水的好處。尤其在二十歲以前，網路的資訊不太發達，不像現在一上網，就可知道各種健康常識。年輕時代我沒有特別接觸或閱讀相關書籍，根本沒有任何養生概念，甚至有一陣子因為懶得倒水來喝，可能一天一杯水都沒喝到。說也奇怪，我還真的是忍功一流，居然也沒因為缺水而感覺口渴難耐，直到我發現尿液的顏色變深、味道變重、尿量變少了，才開始覺得緊張。

缺水，讓我身體有一些不太好的現象產生。像是我本來就屬乾性膚質，但這時我覺得皮膚會變得更加乾燥、排便不順暢。此外，口腔也會覺得乾燥、喉嚨痛，嘴唇常常乾裂到流血。口水變得黏稠，而整個口腔的味道都不太對勁。長期以來的缺水狀況，讓這些現象陸續地出現，而且還愈來愈嚴重。當我意識到這樣下去不行時，才甘願定時定量的補充水分，來挽救自己快要枯乾的肉體。

多喝水的好處多多，尤其有助於新陳代謝，促進腸胃蠕動、幫助宿便排出，或協助腎臟內、膀胱裡的廢物順利清掉，此外，能維持體內電解質平衡，有太多太多說不完的好處了。為了提醒自己喝水，我總是把喝水這事想像成，「用乾淨的水來沖掉體內堆積的淤沙」或「用流動的水來替換身體內不能流動的死水」。換句話說，如果我沒喝水，就無法把體內的髒東西排出，那麼愈積愈多，體內就無法清乾淨了。**為了讓我體內的髒東西出去，我就要隨時補充新的水分，就像在沙漠中找水喝的人一樣，每刻都需要水。**

我也會適時補充維他命。畢竟人的食量有限，加上生活忙碌，一不小心就會忽略攝取某些營養素。所以，我除了透過飲食來供應身體營養，也會選擇攝取口碑較好、品質較天然的綜合維他命。到了我這個年紀，鈣片更不能少。其他如中藥補湯等，不定時我也會熬燉，顧自己的身體，也顧全家大小的需要。

找到時間就喝水，尤其在忙碌的一天行程中，連開車都要有水備在身旁，隨時補充。

找到持續運動的動力

想要健康，當然少不了運動，尤其在身形保養上。我個人經驗覺得飲食盡量忌口的效果最明顯，但要是可以搭配持續且適度的運動，還有良好的飲食習慣相輔相成，對於身形體態則有加分的作用。

其實我喜歡運動，特別是球類運動，在國小和高中時期，我甚至還是學校的籃球校隊呢。印象中，球隊的訓練很頻繁，每天下午都要集訓，不只練技術，還要練體力。我常會找機會開溜，原因無他，就是懶。等到正式上場比賽時，即使技術再好，卻總是上場才五分鐘，全場來回跑個沒幾遍，就氣喘吁吁、上氣不接下氣。想起來，真的好丟臉，但全都是體力的底子沒打好的結果。

以前年輕時就這樣，以後更是。因為沒有養成「持續運動」的習慣，以致結了婚、生了孩子、忙著照料家庭後，理所當然把「沒有時間」做為「懶得運動」的最佳藉口。縱使我知道運動的好處很多，卻始終提不起勁兒，當然，也就不願騰出時間了。一方面可能也仗恃自己身體狀態還行，身材不胖，也沒什麼大病大痛，便覺得沒必要運動。

二〇一七年我接了教會青少年輔導的工作，因為職務上的需要，我才開始被迫運動。青少年輔導顧名思義就是要和青少年「搏感情」，於是，為了和青少年打成一片，我幾乎每天都和他們混在一起，也常常要準備很多活動來吸引他們。

帶青少年除了有靜態的聖經品格教育之外，還有跟音樂藝術有關的，例如唱詩歌、樂器教學、繪畫、寫生、影片欣賞。而戶外活動更是不能少，像騎腳踏車、打羽球、籃球等，幾乎都是耗光體力的運動。我可不是坐在一邊看著就好，還得融入他們，帶著他們一起做。起初一開始，一整天活動下來，我不只是汗流浹背而已，連骨頭也快要散了。但一兩個星期過去，我的體力似乎進步不少，年過四十的懶骨頭，竟然已經能陪這些十來歲的孩子跑跑跳跳了。為了陪伴青少年們，最初確實是我運動的動機，如今卻也成為我持續運動的動力了。

接了教會青少年輔導的工作之後，為了和他們打成一片，常帶著他們進行騎腳踏車、打羽球、籃球等戶外活動。

拿出破釜沉舟的決心，就能看到瘦身效果

如果有決心，成功的機率一定會增加！在我生產前，為了給胎兒足夠的營養，我被家人東補西補，就為了一人吃、兩人補。吃著吃著，胃口被養大了，體重也迅速成長了，原本我那羨煞眾人的苗條身材居然變形，竟在幾個月內從原本的四十八公斤，一路飆升到我人生最有「份量」的六十七公斤。

為了懷孕生子，我總安慰自己，等生完孩子，體重就可以回復生育前的理想狀態，就暫時忍耐幾個月吧，但誰知現實狀況和期待有極大的落差呢。

在我認真做完三十天的月子後，隔天早上我站在鏡子前看著自己，除了那顆挺了八個月大的肚子已經消失掉（兒子早產），雙腿和手臂卻依然壯碩，尤其身上那補過頭的十多公斤贅肉，竟沒有任何消腫的跡象。我那時當然無法忍受繼續這樣臃腫下去，所以即刻確定了減肥目標——希望在最短的時間甩肉成功，穿回每一件懷孕前穿的衣服。

跑步是至今我仍常做的運動。

我的瘦身運動這樣做

我告訴自己要瘦就要動，把握時間多運動，於是當天立刻換上貼身的運動服，我把握每一時刻，也在腦袋裡幻想著：只要我願意多動一分鐘，脂肪就會消失一點。我就是抱著這樣的期望繼續動下去，即使累了，為了減重也不能放棄。

於是**每天分個幾次運動，早上、下午、晚上，一有空我就開始在室內原地慢跑，一次最少跑十五分，累了就停下來慢走，或者休息一下再繼續跑，直到大滴小滴的汗直冒出來**，我才會覺得有看到果效。只要有空，我在一天內就會不限時的重複跑個幾次。我也會跳有氧舞蹈，為了達到有氧效果，我買了幾卷外國的專業有氧舞蹈教學錄影帶回來，一邊看著學、一邊跳。我常常是才跳個五分鐘，就手軟腳軟、累喘吁吁的癱在沙發上，大概休息個十分鐘過後，我又會給自己信心的喊話加油，然後繼續再接再厲的跟著影帶中的老師跳有氧，跳到汗水濕透了整身衣服，想想當時的我，還真是有夠拼的。

我的瘦身飲食這樣吃

我的減重餐食也是嚴格管控，而檸檬水更是隨時飲用，好幫助體內新陳代謝更加快速。

我禁止自己喝冷飲或吃甜品，因為從中醫常識得知，冰品的寒、甜品的濕，會造成人體代謝不良，濕氣、寒氣往下半身走，因此若喝太多冷飲，剛開始會胖肚子、接著大腿小腿整個下半身也會跟著肥胖。

我也不吃重口味和太多鹽巴，聽說容易造成身體水腫，反而讓運動效果打折。而熱量爆表的炸物更不用說了，若真的忍不住貪吃一口，恐怕我一個下午運動的汗都白流。

減重期間，白米飯和最愛的麵包，我也完全不碰；所有高油、高糖、高鹽份的食物都避而遠之。

為了瘦身成功，我真的徹底忌口。**餐餐都是沒有加醬料，只用無糖優格、果乾提味的生菜沙拉。水煮蛋、魚肉、雞胸是用來補充蛋白質，每天搭配適量的水果和大量的溫檸檬水食用。**

若還是感到飢餓，少量的地瓜與木瓜是唯二的點心選擇。就這樣持續一個月的時間，我就從生產完後的五十八公斤再瘦了五公斤，然後每天都像一點一點在消風一樣，不到半年，生產之前的衣服，都能一件件穿回來了！

有伴同行，健康更能持續

這幾年搬回臺灣定居後，起初還沒買車，不管要去哪裡都是靠捷運、靠公車，因為公車或捷運不會班班送到目的地，搭乘大眾運輸工具，有個不錯的額外好處，那就是不得不走路。後來有了Ubike，我也常利用這個便利的交通工具趴趴走。

這和我住在國外時，總是以車代步的狀況大不相同。住在國外時，我都是車開了就載著孩子到處跑，很少有時間和孩子們並肩行走。回臺灣後，卻讓我有了意外的收穫。因為常約三個孩子一起騎Ubike、走路，一邊走一邊聊，在通勤之餘，除了利用時間陪伴孩子，也能兼顧運動，一舉兩得，所以和孩子的關係就比以前還更親密了。

我們曾一起瘋狂地從臺北車站走到市政府捷運站，這是兩個小時的驚人路程。我們一邊走一邊聊，一路上嘻嘻哈哈根本不覺得累，直到停下來才驚覺雙腳超級痠。

後來，走習慣了，我索性**把走路當成運動，若不趕時間的話，就故意少搭幾站車，讓自己有機會多運動**。有時走著走著，竟不知不覺就到達目的地了。偶爾幾次散步回家時，明明已經快到家門口，卻還會欲罷不能地刻意繞到別處，就是希望再多走一段路，等我自己覺得走累了、走夠了，再滿足地回家。我常常走到滿身汗，這時頭腦就會不自覺地幻想著，那些原本累積在體內的毒素，應該隨著這些汗珠排出體外了吧，這會讓我覺得付出的時間好值得！

我們愛走路

Ubike 親子同樂，
運動真有趣。

除了活動筋骨，走路還有不少好處

我有一段時間常在錄音室工作，每次工作結束要離開，只要沒有下雨，我也會刻意走路回家。大約六公里左右的路程，我戴上耳機，悠哉地往家裡的方向前進。一邊走路，一邊聽音樂，一邊看著從自己身邊經過的人事物，並一邊思考著。

這真的是一件令我感到很有趣的事，因為在我過去的幾十年來，不曾像此時此刻這般愜意。更驚訝那個曾經懶得運動、懶得走路的人，居然愛上用走路來運動，而且還持續這麼長一段時間。原本是因為沒車代步，必須被逼著走上街頭，如今卻意外的走出興趣。雖然，三年之後我買車了，但散步已經成為我喜歡的一種運動了。

為了延續好的走路習慣，我有幾個方法和原則，也提供大家參考。

第一，我不在趕時間的情況下走路，因為心急或擔心遲到，就沒辦法完全放鬆，反而成為一種壓力。

第二，我不在正中午或下大雨時走路。正午的太陽是最毒的，直接曝晒會晒黑、也會晒出斑來；至於下雨時，即使有撐傘，鞋子和下半身容易淋得濕答答的，感覺很不舒服。

第三，我不在提重物時走路。手上若是提著、背著重物還得走路，不只很累，可能也會使骨骼或關節負擔加重，走路反而會愈走愈累。

第四，我不在夜太黑或暗巷中走路。這等於是把自己暴露在危險的環境中，一邊走路，也會一邊感到緊張。

第五，我不在吃太飽的狀況下走路。剛吃飽走路容易肚子痛，我的孩子就遇過好幾次，我是從經驗中學到的，吃飽了若真要散步，也只能緩慢地行走，絕不能快步。

除了走路以外，我也會上健身房運動，或選擇有氧舞蹈、芭蕾伸展課程。偶爾也會打打羽球、投投籃、游泳、跑步，這些對維持美好的體態都有幫助。

常有人第一次看到我，都不敢相信我生過三個小孩，而且還四十好幾了。其實，美好的身形真的得付出一些時間，同時要犧牲一些口腹之欲，就會看到果效，一直到現在，至少我都是這樣繼續保持的。

Chapter 4

身、心、靈兼顧，勤勞保養更美麗

我認為每個年紀的女人，都應該是美麗無限的。當然，不能光是注重外在保養，只要求外表的美麗，而是要做到身心靈都兼顧。

說到「心花怒放」，我就會聯想到，人的心也要經常被美麗事物灌溉滋養，因為唯有把心態與體態都維持在最佳狀態，女人自然而然就能呈現由內而發的好氣色。

善待皮膚，請跟我這樣做

過去，我很少化妝，也一直覺得自己的膚況還算不錯，在三十五歲前，我總是仗著自己年輕，早晚洗完臉後，只簡單擦點乳液，就感覺萬事具備了。直到去年，我在臉上發現一片又一片的明顯斑點開始，我覺得人生突然變了顏色，噩夢也正式展開。本來我以為是因為連續出了兩天的外景，在完全沒遮蔽的大太陽底下曝晒拍攝的關係。因為外景後的隔幾天，在我洗臉時，才發現我的臉不只是明顯曬黑，雙頰竟然還出現一點一點，類似黑斑的東西，實在讓我好錯愕。

後來，我才知道這種現象，並不單純是這一兩天曝曬的緣故，最大的原因是我一直以來都疏於照顧，經年累月下來，黑斑就一一現形了。我回想一下在黑斑出現前，我那半年的生活習慣，完全跟網路上列出來的皮膚殺手相符，像是：我曾持續半年以上飲食與生活作息不正常、我的睡眠嚴重不足，影響了身體的排毒機能、我沒有做好皮膚徹底的清潔、我年紀已有一把，臉部膚質愈來愈乾燥，卻沒有加強保濕。還有一個最大的凶手是，在我日間外出時沒有做好防曬措施。所以久而久之，肝斑、曬斑都一一浮現了。

剛開始發現時，只是覺得某些小地方膚色有點差別，我並沒有太在意。但是兩個月不到，這些斑點竟愈來愈猖狂，也愈擴愈大，令我措手不及。看到這成群結黨、一片又一片的黑斑時，我都要哭了，怎麼洗都洗不掉，它們就這樣霸道的占據我原本乾淨的面容。倘若時光能倒流的話，我一定要聽那個美容師給我的勸告，勤勞的保養皮膚，不管要花我多少時間。我請教過好幾個醫生，他們都說一旦有斑長出來，就很難挽救了。現在出門我只能用化妝品東蓋西掩，妝也必須畫得比以往更濃，否則根本蓋不了那些看起來黑黑髒髒的斑點。

天下只有懶女人，沒有醜女人。是啊，只要有正確的保養程序，不管做多少都是會有幫助的。就恐怕我再不認真看待我的皮膚，這些斑就繼續的「開枝散葉」了。如今後悔都沒有用，那長出來在我臉上的我挽救不了，所以更要趕緊把握時間，使用有效防止它惡化的方法。於是，我選擇一些口碑不錯的淡斑產品，也買了專家推薦的清潔、保濕、防曬保養品。因為清潔、保濕、防曬是最根本的保養基礎。而基本的皮膚保養其實不難，如果沒加上睡前的保濕敷臉，我早晚都只需要十分鐘的時間，就可以照顧好皮膚。

我也定期兩週一次去美容院作臉護膚，或自行買產品，一週一次去臉皮角質、用按摩油按摩臉部、敷臉保濕，讓我的皮膚更健康明亮。很多研究顯示，臉部保濕若做得好，日間再擦上適當的防曬或隔離霜，加上每天足夠的休息睡眠，黑斑就不容易出現了。

雖然我是等到皮膚出狀況，才從後果中學到正確的保養觀念，但還好一切不遲，為了不讓黑斑擴大，我也做盡該做的了：**調整生活作息、讓睡眠更充足，徹底清潔臉部、每天保濕與防曬都絲毫不馬虎，再加上健康的飲食、多喝水，促進腸胃道暢通等，內內外外一起保養，**這些真的都讓我臉上的黑斑變淡，我的膚況也愈來愈好了。

天下沒有醜女人，只有懶女人，
有保養對皮膚多少都有幫助。

善待心靈，請跟我這樣做

人的心靈一旦有缺乏卻長期忽視不顧，那麼不管做任何事，在工作上有多大成就，也很難填滿那一塊空缺的。人若空有知識，或享有富裕的物質生活，但卻性情古怪、心靈貧乏，那絕對也會是一件美中不足的憾事。心靈保養對女人而言是很需要，且重要的。我也以「成為一個身、心、靈都健康的女性」為我人生的目標之一。

過去忙碌於家庭，我幾乎沒有辦法把心思放在自己身上。直到後來因為失婚，我刻意花時間來重新思考人生時，我才發現「用心照料自己」，是除了職責之外，女人的首要處理事項，這絕對不是「等到我有空再說」的次要事。以下幾個充實心靈的方法，是我曾下功夫去執行的，這幾年來對我有很大的幫助。

情緒上的保養

平穩的情緒對一個女人特別重要。至少我所讀的聖經中，都以溫柔安靜來勉勵女人。**「你們不要以外面的辮頭髮、戴金飾、穿美衣為裝飾，只要以裡面存著長久溫柔安靜的心為裝**

飾……」（《聖經》〈彼得前書〉3：3－4）

這「溫柔安靜」與女人的心靈有極大關連。

以前才二十歲的我，脾氣是很火爆的，有次和朋友發生一件不愉快的小事，怒火卻被我放大到不可收拾。那時，我正獨自駕著車在臺北市區，卻不知人在情緒翻騰的狀況下駕車，會特別容易失控。我不自覺地愈開愈快，在想超車的一瞬間把油門踩到底，就幾秒鐘的時間而已，我發現我來不及反應，所以煞不住車，就直接撞上前面行駛的公車。我簡直傻眼，這超強的撞擊力不僅狠狠地把我撞醒，我也因為受到嚴重的驚嚇，當下久久不知道該怎麼說話。

放縱自己的情緒，不但無法解決不愉快，還造成更嚴重的事故。不幸中的大幸是公車上的乘客都沒事，我自己也沒受傷。但是我不僅被交通警察開了一張「沒有保持安全距離」的罰單，還因為撞擊力道太大，我駕駛的車車頭半毀。在沒有什麼經濟能力的當下，居然還要支付一筆二十多萬元的修車費，損失相當慘重。

後來回頭看我自己年少時的壞脾氣，我想到三件事。

1. **因為不願約束自己的情緒，讓我在過去的人生路上，受到許多財務上和人際上的虧損，**不只是撞公車這件事而已，還有幾門類似的事件，都是賠了夫人又折兵般的慘烈。

2. **「自制」是需要不斷重複的練習才能養成的好習慣**。而我認為願意在小事上約束自己的人，他會是謙卑受教，在大事上更值得被託付的人。

3. **「節制」或「自制」這件有時令人感到抗拒的事，卻是要從愈年輕開始練習愈好。**最好透過父母儘早教導，讓孩子及早學習。這是一項良好的品格，聖經當中也有提到它，更形容「節制」是一個美好的果子。「聖靈的果子，就是仁愛、喜樂、和平、忍耐、恩慈、良善、信實、溫柔、節制。」（《聖經》〈加拉太書〉5：22－23）

總之，能夠維持恆常平穩的心情，就不會讓負面情緒有機會來攪亂，進而掌控人的意志和決定。只要願意練習，人人都能成為自己情緒的主人。

思想上的保養

常聽人說「心思意念如同戰場」。我很同意這句話，因為我自己就曾如此。我自認為自己是一個很樂觀的人，卻常常會被負面的想法擾亂。我過去曾經因為心靈受傷，所以內心偶爾會出現許多對話。這些負面的意念思想也不知道從哪裡蹦出來的，但跟我原來的樂觀性格很敵對，因此讓我覺得很衝突困擾。我很不喜歡被這些外來的心思意念無理打擾，於是我決定對自己做些實驗，看看哪些方法成效最佳。我一直不厭其煩的，試著對付那些擾亂我，埋伏隱藏在我思想上的敵人。

有思想上的問題出現，都是很正常，也是人人常會遇到的，我的觀念絕不是要去消極的防備負面思想，而是必須積極的去面對、用正確的方法處理。我發現它們總愛見縫插針、無孔不入，然而經過幾年的經驗，我自己理出了一套不讓其搧風點火的有效方法：

怎麼檢驗、診斷自己是否正處於負面狀態？

1. 發現自己重複出現思想上的衝突
2. 有些念頭帶給你持續不好的感覺
3. 這些意念讓你出現負面的情緒反應
4. 你所接收的意念反應出來的行為，帶給周遭的人負面的影響

我的對應方法是：不再無止盡的忙碌、用禱告與意志來防止不好的意念繼續擴大、盡力不讓負面思想延續、不在有負面想法出現時做決定，或判斷事物。

1. **不再無止盡的忙碌，暫時的休息一下**

一定要立刻拉起警戒線，暫停手邊的工作。曾在我寫這本書的同時，適逢農曆年前夕，我當時手上一堆待處理的雜務，還有幾個孩子必須花時間陪伴。正巧年前又需要搬家，還要為過年過節的事務準備，好多事正同時進行著，我實在分身乏術了。突然在這種混亂、有壓力的狀況下，一個下午，竟莫名燃起一個奇怪的負面意念——放棄寫書。我知道，這絕對不是一個對的想法，更不該在書快結尾時做這樣的決定。當下我意識到自己狀況不對，所以根本不想再管自己寫書的進度如何，也不管手邊非要做什麼。我當下立刻闔上電腦，讓我的腦袋也停止轉動，先任性的睡一下。一小時醒來之後，我的精神好多了，一切又奇妙的恢復正常了。

2. **用禱告與意志來防止不好的意念繼續擴大**

有任何負面的想法出現時，為了不被情緒牽制，或為雜事過度擔憂，我會安靜一會兒，跟上帝說說話、禱告一下。通常我禱告完後，負面的想法或許還在，但是心境會瞬間平安許多。

3. **盡力不讓負面思想延續**

有時候負面的心思意念出現時，會很容易把我帶到一種極端的地步，比較常出現的諸如：**「全部都放棄好了，幹嘛要活得這麼辛苦？」**之類的話。而通常只要有一點點負面的開頭，若我繼續想，就會開始厲害的向下延伸。所以，讓負面的思想立刻切斷，是保護自己心思最必要的措施。

4. 不在思想混亂時做決定，或判斷事物

負面思想若多了，很容易影響到自己原本的思想，所以若在當下判斷事物或做決定都可能會有偏差，容易失算、做錯決定。未免後悔或虧損造成，不衝動且不在負面思想充斥下做決定，絕對是明智之舉。

以上都是我應對負面思想、重整思緒的方法，能掌握自己的心思，幫助我對思想有健康的處置。常常給自己一段安靜的時間，檢驗思想、過濾思想、取捨思想、能免於讓自己陷於紊亂的思想中，無謂的纏擾糾結。

情感上的保養

我讓自己在交友這件事上盡量保持單純，我的好朋友雖然不多，但是都是長時間的往來，

關係很堅固的。另外，為了避免在情感上受傷，我的交友很謹慎，無論對於同性或異性，我的付出是有我的一套原則的。我始終認為不隨意留情，能讓自己情感損傷的機會變少。這也是對自己心靈最好的保護與負責了。

價值觀的保養

價值觀是一個人衡量萬事的基準，若一個人的價值觀有偏差，那麼他的人格也會有所異常，甚至愈活愈偏差。很多的社會事件都是這樣上演的：詐騙——想不勞而得；受騙——很多時候起因都是貪心。我常會省察自己的每個思想、檢視自己，好讓我隨時可清楚自己的價值觀，是否有與道德、與聖經相違背。我通常會倚賴我的價值觀判斷行事，但我卻也隨時在校正它，好讓我的價值觀隨時處在一種正確、被更新的狀態。

放鬆、放慢、放下、放自己幾天假

《聖經》有句話說：「婦女美貌而無見識，如同金環戴在豬鼻上。」

我認為，心靈要豐富不空虛，唯有在知識上吸收更多，並隨著見識經歷不斷加增，讓人生有更豐富的閱歷。像我喜歡逛書店、買書，閱讀各領域的書籍、藉此吸收知識。我喜歡看電影或紀錄片，透過影片來欣賞一個製作團隊的藝術創作。每個影片的劇本也會有其中心思想，若能從中得到特別的啟示，我便藉此來調整自己的思維。而我愛看音樂劇、話劇或舞蹈表演，用它們來平衡環境中的煩躁。

我尤其喜愛聽某些古典樂曲，韋瓦第的〈四季交響曲〉（Antonio Vivaldi/ The Four Seasons）是我的最愛。我總覺得自己的性情之所以會遠比婚前更有耐心，其一因素與聽古典音樂有關。我聽古典樂是從我的孩子們學習大小提琴、參加弦樂團開始。五年的時間足以薰陶人心，因為孩

看好書是幫助心靈成長不可少的一件要事。

子每天都反覆聽很多古典樂曲，我因此耳濡目染愛上古典音樂。音樂真是一個奇妙的生命元素，它有能力改變人心，在這音樂的薰陶下，我明顯的感覺自己多了一種過去沒有的優雅氣息。

其他像是彈琴、作曲、寫詩、書法、刺繡、塑陶、打毛線、畫畫等，任何可以觀摩學習或陶冶性情的事，都是我在一成不變的生活中，讓我感到新鮮有趣的事。

每多接觸一次文創藝術，我會覺得自己的氣質在無形中都在被塑造著，像是藉著藝術自然的成長，而心靈也隨著豐富起來。我後來還培養了一個特別的喜好，就是每天送孩子出門之後，我會找一個喜歡的咖啡廳來寫作，我的身心就沉浸在店內的音樂、裝潢和咖啡氣息中。在視覺、嗅覺、味覺、聽覺多重接觸下的氛圍，我的靈感會不斷地被激發、再激發。

休息，是為了走更長遠的路。偶爾，我也會放自己幾天假去旅遊，一方面增加見識，一方面也能放鬆休息。我很愛出國旅遊，我想，這也是大多數人所嚮往，會選擇讓自己心靈充電的最佳方式。暫時脫離熟悉的環境，到另一個陌生的地方去。如今，旅遊已經成為我每年最想做的事之一。旅遊的重點並不是要去哪裡，而是應該藉此放鬆，緩和一下忙碌的生活，讓疲憊的身心靈適度地放假。畢竟，相由心生，心靈的豐富喜樂，也一定會顯現於外，這一切兼顧一定能讓身、心、靈同時美麗。

Chapter 5

幸福在轉角，遇見我的美好

恢復單身後，我與異性的互動比以往更加謹慎。我很慶幸自己沒有因過去的情感傷害，容苦毒怨恨在我的生命裡扎根，人生也未因此原地踏步或遲疑不前。我深信真愛值得等待，也相信愛是永不止息。因此，活在健康與充滿盼望的信念中，我即將開展的下半場人生，如今有了更美好的願景。

我的異性交友觀

我認識一位朋友，幾年前她因為年齡告急，所以急著尋找人生伴侶，也因為太孤單寂寞而不設防的擴大自己的交友範圍。或許她認為自己單身會比在婚姻中的人有更寬鬆的條件交友，所以總是任性到不顧家人的擔憂，一而再三的與不同的異性曖昧交往。遇到一個就愛一個，當相處不來、愛不下去時，就再換另一個人來談戀愛。我無法評論他人的交友觀念，但令人為她捏把冷汗的是，她每當結束一段戀情時，總是痛不欲生的無法度過情傷，甚至有時在分手後，還跟人藕斷絲連、糾纏不清。這些因為與異性交往衍生出來的金錢、情感糾紛，也曾經威脅到她的安全。所以我引以為鑑，自己更是謹慎自守。

我曾經很認真的思考過「廣結善緣」這句話，也親眼見過上述這個朋友的交友方式所帶來的後果。我發現特別在與異性往來的這事上，若沒有原則和清楚的規範，那絕對會給自己帶來處理不完的麻煩。

我理出幾項與異性往來的原則來保護自己，可能在旁人眼裡看來，這樣的堅持會錯失很多交新朋友的機會。但是直到如今我卻不得不說，因為我的持守與力行，這些幫助我將交友會遇到的風險減到最少了。

原則一、除非工作上需要或非必要，否則避免單獨與異性吃飯

我曾經單純的覺得，反正只是吃吃飯沒有關係，所以就單獨赴異性的約，幾次下來，卻因此不小心造成對方的誤解，以為我有要進一步交往的意思，真是尷尬！當對方跟我告白，我不得已必須要婉拒時，卻是傷了他的心。後來我學到，若沒有特別的必要，不要隨意與異性單獨用餐，或讓人有會錯意的機會。

原則二、不與異性有金錢往來

我曾看過這樣的社會新聞大標題：「情侶金錢糾紛，拿刀互砍不留情」。有很多諸如此類的社會刑案發生，聽說其中有不少是所謂的愛情詐騙。有些罪犯利用單身男女孤單寂寞的心，以戀愛之名、行詐財之實，這種新聞實在很多。所以我認為避免讓自己吃虧的最好方法，就是不要和交往的對象有任何金錢上的借貸往來，而且在還不確定對方是否是善類時，絕對要理性看待對方，不能被愛沖昏、墜入情網，讓人有機會趁虛而入來對自己予取予求。

原則三、不在網路結交異性朋友

我雖然聽過好些奇妙的事，例如兩個陌生的人處在地球兩端，卻因為臉書結識進而結婚生子。哇！神奇又難得。雖然這很特別，但令我不得不去好好思考，交新朋友已經要承擔一點風險了，但若是非要透過網路認識朋友，那麼連網路交友會帶來的額外風險，也必須要一併承擔了。大家都知道網路世界是一個虛實難分、非常複雜的領域，在這樣的平台要找到合適的對象，更容易把自己暴露在危險地帶。有好幾次，我收到有人跟我搭訕的訊息在臉書上，他們來自世界各地，有些甚至一看就知道是假姓名、假照片、假資歷，令人看了覺得有詐，因為他們背後的動機不明。試想，若是因為好奇真正接觸後，是否會為自己的生活帶來危害？

原則四、潔身自愛，拒絕婚前性行為

部分的異性朋友在約會時，如果界線沒有劃清楚、原則沒堅守，很容易常常單獨接觸而發生不預期的性行為。這是常常聽說的事，而這背後隱藏的問題很複雜，有時不是只有性行為而已。為了一時快樂，或是情感衝動下帶來的後果不容忽視；愛滋、性病、未婚生子……等。若是感情基礎不穩固，由此引發的負面效應真是不容輕看。

我自己的原則是，如果和我往來的異性還不是我考慮結婚的對象時，我會盡量避免單獨長時間的相處，或是只安排在公共空間見面，為的是要把約會時可能有的風險降到最低。

原則五、不要曖昧地與異性來往

我在三年前曾有一個想認真交往的對象，但是三年卻見不到十次面。我們對彼此有好感，但是對方有時的舉動實在讓我不明白。明明是他開口要正式交往，但之後卻時而出現、時而不見的，簡訊也很久才回或不讀不回。那種曖昧不明、無法預測的行蹤令我感覺不舒服。當然，在這種捉摸不清的情況發生幾次之後，我不管他的條件有多優，很快的決定不再跟他往來了。我認為男女交往在一開始時一定要說清楚講明白，若單純當朋友就是朋友，若要當男女朋友交往也明說，不負責任或曖昧不明，都容易產生猜忌、不信任。

我如何選擇未來伴侶

至於要如何選擇未來伴侶，我認為第一關要先過濾對方的基本條件。

因為有過一次婚姻，所以對於我心目中的理想人選所需具備的條件，我在心中已有想法，無論是年齡、財務狀況、個性、興趣、身高、外貌、健康狀況、家庭狀況、工作形態、價值觀等，我都會一項一項透過觀察、理性的評估和了解，才決定是否要進一步交往。我認為，若是連這些基本條件都沒有了解、過濾就直接交往，萬一日久生情，卻因為兩人條件上的差異而難分難離，那麼矛盾糾結的後續更會難以處置，為彼此帶來更大的困擾。

我和異性交往的前提，一定要先確定彼此的目標最後都是要走入婚姻，才會有後續條件的過濾。所以若追求者與我理想中的條件落差太大時，我就會直接跟對方講清楚只當普通朋友，在行動上也一定保持安全的點頭往來距離就好，避絕任何私下單獨相處的機會，也不會有頻繁的互動。我自己的立場要明確，都是為了避免曖昧與誤會。

難道只是純吃飯也不行嗎？

曾有追求者在我婉拒他時問我，那難道做做朋友、吃吃飯、聊聊天這樣不行嗎？一定要拒絕得這麼徹底嗎？我自己則認為，或許剛開始對方是單純的這樣想，但若有一個小開頭之後，誰敢保證他原本單純的吃飯想法，到頭來是否會變得不單純了？如果對方由最初小小的吃飯要求就能滿足，然後漸漸抱著更大的期待，若他的期待與我的不同時，有可能會因為我的拒絕，造成他的情感傷害，然後引發一些不預期的後果，為彼此帶來不必要的麻煩。

現今社會新聞常常在上演的情殺案件，很多都是從吃飯聊天開始，由單純的交友，最後演變成複雜的情感糾紛。所以不要有開頭，就不會將自己帶進一個令人為難的地步。**不隨性的交友，就能排除所有的交友風險，這是保護他人、也保護自己的最好方法。**

透過團體的往來初步了解一個人

接下來，若追求者在我前提的過濾下，大致符合我未來對象的條件時，我覺得在對方不知情的狀況下，透過團體活動初步的了解這個人，會是一個很好的方法。

我現在交往的對象，在他還未開始追求我時，我們就只是很普通的朋友，偶爾在教會接觸到而已。雖不常見到，光透過週日上教會，我對他的為人、個性就有一個大致的印象。大約這樣表面往來三個月之後，因為教會活動的關係，所以他常會在一週內私下和我通個幾次簡訊或電話。當時我就有注意到自己跟他特別談得來，個性上、價值觀、興趣都和我很類似，所以我們在很自然的狀況下，很快晉升成無話不談的好朋友，也因此愈聊愈多。而聊愈多、就了解他愈多。上述的階段，就是評估是否適合與對方進一步往來的好機會。

在雙方交往前，確認彼此的心意、合適度

認識他七個月之後，當他在我生日那天送我一束玫瑰花，表明想要追求我時，我便能很快確認自己的意願，因為我已經暗自在心裡，客觀的評估過他一段時間，所以對他已有相當程度的了解。

如此一來，當我們進入交往時，兩人之間就少了很多不明確的曖昧。而透過更多的相處互動，我們也更深的了解彼此。後來隨著時間、感覺，也透過長輩、朋友、禱告，這許許多多方面，都是在協助我確認，他是否就是我要同行託付一生的對象了。

過去的情感經歷，或許曾帶給我不愉快的經驗，只是我很慶幸，我並沒有因為那些情感傷害，讓苦毒怨恨在我的生命中扎根，也沒有讓自己原地踏步、停滯不前。我對未來仍然懷抱夢想，今後也要盡力的，繼續完成餘下的責任。

讀了二十年的《聖經》，上帝的話語早已銘刻在我心：

「愛是不求自己的益處、不輕易發怒、不計算人家的惡、不喜歡不義、只喜歡真理。凡事包容、凡事相信、凡事盼望、凡事忍耐，愛是永不止息。」

當我以聖經的原則這樣待人，凡事便充滿全新的盼望。

有人跟我說：**「妳的苦日子過去了，終於輪到妳幸福。」**我不因此得意，但卻為過去那段日子被熬煉的結果感謝。

原來，我上半場的種種經歷，全都是為了我人生的下半場能不再一樣。

走過了苦難、走過了迷惘，走過了未知絕望，我的道路如今愈來愈明確，而我的幸福，真的就出現在不遠的轉角處。

PART 4

三個寶貝，都是這樣長大的

Chapter 1

不再複製我的成長路

因為來自原生家庭的成長經歷，讓曾經的叛逆少女，在成為三個孩子的母親角色後，更深知言教與身教對於教養兒女的重要。

「十不教養原則」是切身之痛，我希望不要重覆上一代傳統的教養模式，為避免複製我遺憾的童年路。

避免這樣教孩子的十不政策

我在二十四歲那年結婚，婚姻曾經給我許多祝福，特別它讓我的生命更成熟、美好。此外，婚姻所帶給我的另一個祝福，就是能生養兒女。

婚後一直渴望孩子卻無法順利懷孕的我，曾經連續流產五次。當時讀到《聖經》〈撒母耳記〉裡的一個婦人哈拿，她因為不孕而到聖殿呼求上帝，於是，上帝垂聽她的禱告賜下撒母耳。在看到這一篇歷史故事時，當下的我如同看見希望，並單純的相信，上帝若能做在哈拿身上，也必定會因為我的禱告而成就在我的身上。

許多人為我禱告，我也很有信心的不停禱告，並深深相信主必成全我的心願。果真，我從過去醫生所診斷的胚胎難著床，一直到四年內陸續生下三個健康的孩子，我真是得到了神蹟般的祝福。

孩子是神所賜給我的寶貝，然而我的原生家庭曾帶給我一些負面影響，所以讓我在教養兒女時，除了注重孩子的品格，也不帶著負面情緒來教養孩子，更希望能避免以下十大不當的教養：

1. 不以孩子的外表取任何別名

從小阿嬤就給我取了一個難聽的別名。年幼時我不懂意思，聽了也沒感覺，直到進入學齡期，每當有人聽見這不雅的綽號之後，就會耳語竊笑，所以在我幼小的心靈中，漸漸烙下了莫名的自卑，情況甚至嚴重到讓我無法接納自己的形象，我認為自己就是某些人口中說的醜八怪。

我因此很討厭照鏡子，以為自己真的長得醜，我很在意別人對我的眼光，為此我變得不快樂，總是嘟著嘴巴、愁眉苦臉。

這種嚴重自我抗拒的狀況，不僅止於行為上的反應而已，甚至影響到心理層面，除了拒絕自我形象外，我病態到接納不了自己做的每件事，或對自己要求凡事要達到完美的地步。我總是能力不及，於是就陷入嚴重的沮喪，對自己感到失望，常常在一件事沒有完成前，就被我放棄，因為我知道自己做不好，因此總是選擇直接放棄比較快。

印象很深的一件事，就是我常常撕作業本，只因為看不順眼我自己寫出來的字體，因此當我覺得字不夠漂亮時，就會試著用橡皮擦擦掉重寫，若擦不乾淨，就會乾脆撕掉那一頁，下一頁再重新寫過。就這樣一直撕、一直撕，所以我的作業本總是很薄，而且頁面還會掉三落四的。

我這樣教孩子：
不以外貌或是諧音，隨意給孩子貼上負面或引起他人嘲笑的標籤。

2. 不憑眼見論斷孩子

我十三歲時，父親偶然間在我的抽屜內，搜到許多男生寫給我的情書。只是他當時連問都沒有，就二話不說的用皮帶把我毒打一頓，讓我從那時開始就對他懷怨在心。

在那之後我總以怒氣回應他的問話，故意頂嘴忤逆，而我愈是如此，父親就愈生氣。於是我們常常出現情緒性的對罵，他還因此論斷我是個叛逆、不孝順的孩子。他常常為了要改變我的行為而語出威脅，或為了發洩自己的不滿，對我總酸言冷語的。這樣的管教方式非但無法糾正我的言行，反而加深我對他的不滿，呈現更糟糕的相處模式。

現在回想當年狀況，其實父親只「看到」我表面行為，卻沒有「察覺」孩子怒氣背後想向他傳達或抗議什麼。青少年時期的我思考並不成熟，表達能力也還不完全，所以我只能用情緒來反應內心對他的不滿，這件事讓我原本應該快樂的童年，烙下了嚴重的傷痕。

我這樣教孩子：
絕對避免在未清楚事件的來龍去脈時，就衝動的論斷，或情緒性的處罰孩子。追求事實，就事論事的處理問題。

3. 不為孩子過度代勞

我看過現在很多父母，他們總為了孩子辛苦勞動、做家事、上班掙錢。但同時也發現一個奇怪的現象，就是或許他們願意一邊為了孩子賣力勞動，卻又一面叨念不休。

父母照料家庭確實非常辛苦，但孩子若無法體恤父母的辛勞，會不會是因為他們所付出的一切，都被他們在勞累之下所生出的負面情緒取代，因此孩子可能只接收到父母對家庭的抱怨、而非甘願。很遺憾，這就是大人們在無意識的情緒反應下所帶給孩子的錯覺。

其實我也是直到自己生兒養女、開始為家庭勞苦時，才體會到我母親當時所付出的辛勞多麼珍貴。父母若為孩子過度代勞，不但使孩子喪失學習獨立的機會，也很難讓孩子有機會，學習主動分擔家庭責任。

我這樣教孩子：

讓孩子也知道我的需要，適時的安排孩子分擔家務，自小刻意建立孩子的分工觀念。除了分擔家事、還有心事，親子間彼此分憂解勞，讓家庭這個小團隊中的成員，都能被訓練成為他人的幫助者。

4. 不為孩子做太多安排，訓練孩子獨立思考的機會

現代父母愛孩子，很習慣為孩子安排大小事。孩子年齡小時沒問題，但是一旦孩子開始有自己的想法，若遇到與父母意見相左，就容易引發親子間的問題。

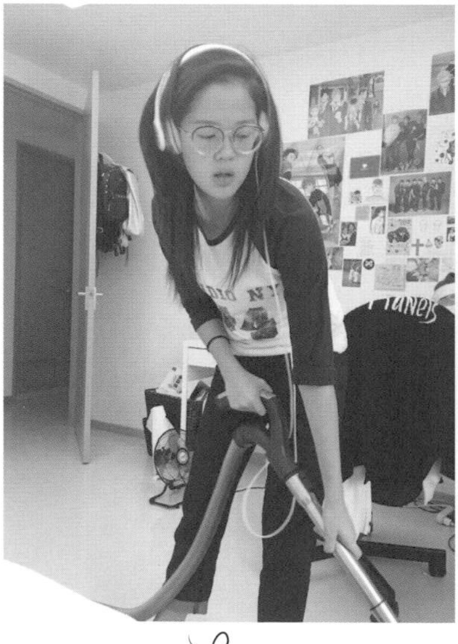

適當地安排孩子分擔家務，建立孩子的分工觀念。

這是一件相當遺憾的事，因為在傳統的家庭中，父母愛兒女，所以總是處處為他們設想太多，以致孩子從來不需要思考，只要聽從父母的安排行事。這很像孩子明明已經長牙了，父母過於呵護，仍然要把食物打碎了才餵孩子，孩子完全不需要經過咀嚼，直接就能喝下去一般。這樣的結果是，孩子的牙齒失去了它應有的功用。孩子的思考能力疏於練習，所以日後在判斷事物、做決定、安排大小事上都會比較吃力。

我印象很深刻的一件事，是在大兒子十一歲左右開始第一年自學時。當時兩個妹妹一個十歲、一個八歲，那年他們剛脫離學校的全日行程，嘗試在家中開始很自由的自學。除了睡覺的八小時和吃飯休息的四小時，我讓他們每個人都自行安排十二小時的日程表，每天都不一樣。當時他們可以安排自己的時間時，對他們來說是意義重大的，這代表我對他們的信任、也承認他們的能力，所以在無形中有個身分上特別的提升；他們不再被看作是一個孩子了，因此他們會更願以行動來證實他們值得我的信任。

自學中心當時給他們一份一學期的學習計畫，也給他們另一份四個階段的學習範圍，所以一個階段為期四十天該學完的功課、該交的作業，若有任何延遲，就無法有學期成績了。因此他們每天的計劃很重要，若沒有安排好，一直累積功課，最後會趕得很吃力，我的兒子就曾經

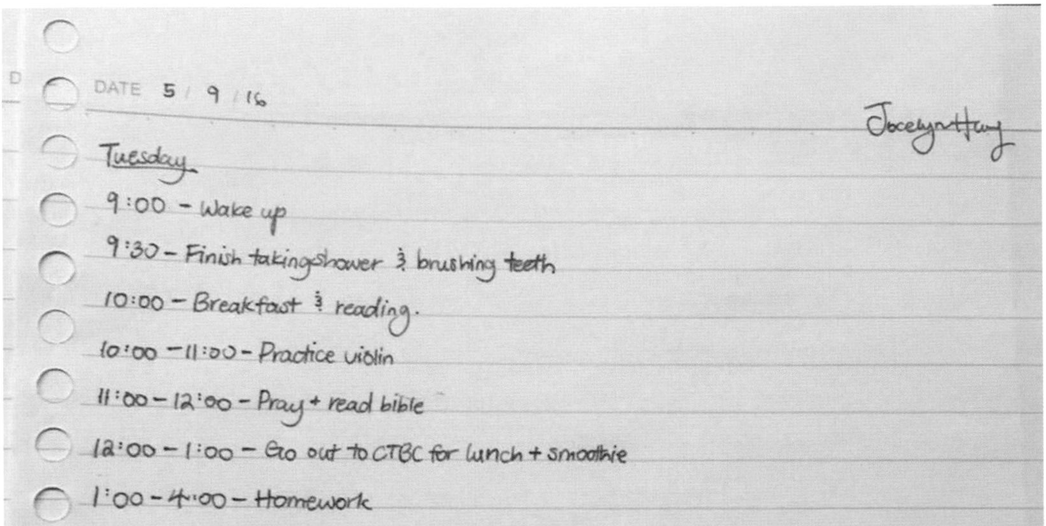
DATE 5/9/16

Jocelyn Hay

Tuesday

9:00 - Wake up

9:30 - Finish taking shower & brushing teeth

10:00 - Breakfast & reading.

10:00 - 11:00 - Practice violin

11:00 - 12:00 - Pray + read bible

12:00 - 1:00 - Go out to CTBC for lunch + smoothie

1:00 - 4:00 - Homework

- Health (30 mins)
- English (1 hr)
- Break (15 mins)
- Math (1 hr)
- Break (15 mins)

4:00-5:00 - ~~EXER~~ EXERCISE!

5:00-7:00 - Dinner

7:00 - 11:00 - Draw + relax + family time.

我家老二姐姐自己安排的一日行程。

老二巧妙有規範的自學生活。

有過教訓。不管好的經驗或是失敗的經驗，對孩子們絕對是好事一件，因為這能幫助他們修正計畫，彈性的調整，讓之後的安排能更妥善。

我這樣教孩子：
分年齡給權利，年齡愈大，孩子能自行安排的範圍愈大。讓他們經過思考後安排行事曆、計畫應完成事項，甚至策劃活動、設定人生目標。自小從經驗中熟練，藉著自己安排而完成的工作，會讓他們自信心提升，凡事都有自己的想法。

5. 不怕讓孩子面對試煉

我上有哥哥、下有弟弟，每個人都是上了高中之後就開始在外頭打工，特別是大哥辛苦的兼兩份差，半工半讀就為了可以負擔自己私校的學費。我也是從那時才深刻體悟「一分耕耘、一分收穫」的道理——付出時間勞力來換取金錢，因為天下沒有白吃的午餐。

我的第一份工讀是在火鍋店當服務生，每天一下課就要到火鍋店報到，收桌子、端盤子，直到晚上十點才收工回家，每天都很辛苦。雖然我犧牲了一些與朋友相聚的時間，但是在學齡期的這份工讀，除了得到一點金錢的回報，也讓我在人際的互動上受益良多。

我這樣教孩子：
鼓勵孩子自食其力，打好勤勞的基礎，也教導孩子儲蓄、簡單理財，引導孩子正確的使用金錢。

6. 不錯過與孩子溝通的機會

從小沒什麼印象曾和父母敞開心胸的深談過，原因大多是父母忙於賺錢養家，無暇顧及孩子們心靈上的需要，所以我與父母的關係很薄弱。我常會覺得父母不愛我，所以渴望從他處獲取更多的關注。

「父母不愛我」，這真是一個錯誤的判讀。我內心的想法從不主動與父母分享，所以他們便無從得知一切，我們之間更談不上有過什麼溝通了。我思想上的誤解，導致行為上的偏差，再加上從來沒有溝通的習慣，長期以來，與父母的距離就更大了。

我這樣教孩子：
從孩子會說話開始就以對話的方式，引導他們說出內心的感受。從長期的關懷孩子、取得孩子的信任，讓他們願意對父母分享，藉由他們的分享來了解孩子的需要，也適時的介入教導。親子零距離，這就是溝通帶來的好處了。

7. 不要光說不練

有些家長為了想要孩子拿好成績，或者要孩子照著他們的心意做事，總是習慣性的用條件來與孩子交換。只是有時當孩子們做到了，父母卻偶爾無法兌現諾言。這會使得親子間的互信關係上，出現極度負面的影響，孩子就在一次次的失望中，不覺得需要尊重那個不守信用的爸媽媽了。

因為他們破壞了自己的信用，讓孩子對他們不再信任，甚至不尊重做父母親的權柄。

我這樣教孩子：
說到一定要做到，不要輕易給予孩子無法實現的承諾。成為孩子信實的學習榜樣，也鼓勵孩子成為守信的人。

8. 不給予負面評論

我從小成績平平，到了中學二年級之後因為轉學，成績還一直處於吊車尾狀態，所以印象中在各方面，似乎未曾受到過任何肯定。在我們那個年代，成績代表一切，不管你的品性多好，我從來沒聽說過任何功課除外的努力，可以得到師長、父母的稱讚。

我反而因為成績差，所以經常從他們那裡接收到負面的評價，由於這些評價總是出現在我努力過後，所以更加重我的挫折感，甚至質疑自己是否天生智障？為什麼課業都讀不懂？死背也背不起來？為何無論怎麼努力都沒用？

這種種負面思維，不斷挫敗我的志氣，讓我厭惡學習，後來乾脆放棄讀書了。在總是被導師羞辱的學習環境下，我後來賭氣隨便亂考，考上高職第一志願——台南高商，只是從此對學業再也提不起興趣，也不再相信努力可以帶來什麼成就。

負面評價對一個孩子的殺傷力很大，而負面的話語也沒辦法讓孩子表現得更好，反而會喪了志氣、留下更多傷害與陰影。

我這樣教孩子：

用積極肯定的話語來取代負面的評價，永遠只稱讚孩子的好行為事實，會鼓舞他繼續創造更多良好的作為，例如：

「我為你的努力感到驕傲，相信你會拿到不錯的成績。」

「我佩服你的勇氣，因為你不怕被責罵，說出了事實。」

「你真有愛心，願意幫助一個需要的人。」

9. 不在孩子面前道人是非

我的母親是客家人，但是我們對客家話卻一知半解、似懂非懂。小時候母親與她的姐妹們交談，若為了避免孩子們聽懂，她都會刻意使用客家話，我當下會很自然認為：「媽媽又開始在說祕密了！」

或許是當下她受了委曲，在跟某人吐苦水；或許她所批評的對象令她氣憤不已……，但是她的語氣不自覺帶出酸辣意味，也已經影響了我，讓我對她所評論的人有不同的看法。

我這樣教孩子：

謹言慎行，不在孩子面前說人長短。或者當孩子在評論他人時立刻從旁修正觀點，使他們說話的動機不落入批評人。

10. 不過於左右孩子的決定

我在未成年時期就很有主見，常常依著自己的情緒做決定，但也常常被父母強行介入，最後總是不愉快收尾。回顧過去，我每次一意孤行所帶來的後果或許很慘痛，但換個角度來看待，都是一種學習，幫助我日後在面對任何決策時，更加小心謹慎，因為我已經學到教訓了。

所以，適齡、適當、適時讓孩子學習做決定很重要，因為若在孩子年幼時，就給予適齡做決策的訓練，這將幫助孩子學習勇於承擔、負責結果，有利他們獨立思考的機會，才不會到成年時還是「靠爸」「靠媽」一族。

我年幼時，父母總是一定要替我決定，導致常因為意見不同，原本和父母間的感情就有問題，此時就更是雪上加霜了。

我這樣教孩子：

隨著年齡成長，階段性的給孩子做決定的權利，可以幫助他學習承擔責任。

容許孩子做錯決定，能鼓勵他成為一個勇於負責、不怕失敗的人。

陪伴他一起承擔做錯決定的後果，能夠增加他的勇氣去面對失敗。

鼓勵他繼續做決定，可以讓他明白，他永遠都享有追求成功的機會。

刻意建造堅固的親子關係

因為童年時的遺憾，我更渴望擁有一個溫暖的家，渴望和家人間有緊密的關係，渴望我們一家人是生命共同體，有福同享、有難同當，一起快樂健康的成長。後來我二十四歲，正值年輕就擁有自己的家庭，所以從前那一直潛藏在我心中的育兒想法，也才有機會開始逐一的轉變成實際行動。

關係是一切的基礎

我一直認為要建造一個理想的家，就是從「關係」的建造開始，因為人與人之間只要擁有堅固的關係，就能夠抵擋所有問題。這是深植在我內心的觀念，因此這十七年來，我付出幾乎全部的時間陪伴孩子，和他們搏感情。我想這世界上，除了上帝之外，我是他們隨時可以投入的懷抱、也是他們迷失時能指引方向的明燈，我們的關係密不可分。

如今他們都是青少年了，我們之間的情感比過去更成熟，他們除了是我的孩子，更像是我難得的知音朋友。而我能擁有這得來不易的情感，除了是這些年來用心經營親子關係的緣故，再來就是因為失婚後的這些年，孩子和我相互陪伴的結果了。

珍貴的革命情感為親子關係加分

能攜手同行、共度難關是一個很寶貴的機會，這種彼此照應的革命情感，至今仍讓我懷念，特別是當年在我遇到不能解決的困難，像一個孩子般大聲且任性的哭泣時，那時都才十出頭歲的孩子們一起擁抱我、為我禱告……。

因為我們一起走過那一段，因此孩子們很能同理我的辛勞，也對我萬分體貼。他們為了不讓我擔憂，會盡學生的職責好好讀書、交作業。他們認真學習、理解知識，避免我會因為他們的偷懶而蒙羞。我小女兒總是再三的告訴我，她會盡力讀書、拿好成績，是因為不想浪費我辛苦賺的錢，所以她不喜歡請假缺課。他們謹慎交友、不做令我擔心的事情、在凡事上都有界線，這些都能減少我的掛慮，讓我安心。

亦師亦友的親子關係很難得

我的孩子們除了是我向上的動力之外，更是我的良師益友。真的！我也會有我童心不成熟的一面，這時，瞬間他們就變成輔導老師，在他們超齡的成熟上提醒我、勸告我。雖然他們也清楚我不是個完美的母親，知道我在各方面有許多能力上的限制，但是他們卻願意尊重我，盡他們做兒女的責任。

過去的一分耕耘，如今有十分收穫

其餘包括一般在青少年期不可多得的，他們所給予我的體恤、陪伴、安慰，甚至禱告，這些絕不是一天兩天培養出來的，所以我常常為此感激自己，感激自己過去在親子關係上所下的工夫，這些都為我們建立了堅不可摧的良好關係，讓我們能快樂的享受親子間彼此無條件的愛。而這些良好的互動，也影響了孩子們的行事，為他們帶來更多美好的人際關係。

親子感情升溫的方法

由於我們是單親家庭，所以我會更留意孩子們各方面的感受與反應，盡量在一看見孩子的問題時就即刻解決。我也刻意的給他們雙倍的愛，讓他們在被愛的環境、在健康穩固的關係中建造生命；如同一個用心蓋房子的建築師一樣，每個細節、每個步驟都不含糊。只要知道任何能增進親子間情感的方法，我都一定會去試試，半點也不遲疑。

大到每年兩次的家庭旅遊、每年每個家人的慶生聚會、每個重要年節——父親節、母親節、感恩節、聖誕節、新年的慶祝，甚至小到每週的家庭聚餐，只要能凝聚孩子們對家的注意力，我都會很在意。與子女間，若能不因忙碌疏忽而淪為情感淡薄、漠不關心，什麼能讓我們情感加溫的方法，我都會去試。

我很慶幸和孩子之間關係良好、沒有隔閡，也慶幸他們沒有所謂的青少年叛逆，更慶幸只有媽媽在身邊的孩子們，他們還能被愛滿足、獨立、負責。**從「被愛充滿」，到「給予愛」，這穩固的親子關係，就是我們在心境上平穩沉著、沒有後顧之憂的基本因素。**

Family dinner. 每週的家庭聚餐，都是我家每個成員必要出席的活動，這是聯繫情感的好方法之一。

Chapter 2

來自聖經的教養智慧

因為我知道聖經是一切智慧的源頭，所以我讓孩子從六歲開始讀聖經。我盡力給他們良好的學習環境、在品格教育上也依聖經的教養原則，希望孩子能學習溫柔、良善、誠實、節制、忍耐、同理、和睦、饒恕與負責等良好的言行與道德修養。

身為母親的我是孩子的管家，更需要擁有良好的品格，來成為孩子的榜樣。

不只教孩子禮貌，負面話語也禁止出口

我兒子亮亮不到一歲時，我就開始教他「禮貌」這件事，當時是從說「謝謝」開始。有些人覺得等孩子大一些再教也不遲，但我很清楚，即使孩子仍年幼，藉著肢體與表情輔助溝通，他一定還是能理解我的意思。

有一天兒子想要吃我手中的一袋餅乾，於是我就抓住這個好機會，希望用餅乾來交換他的一句謝謝。我邊解釋、邊比動作說：「媽咪給你一個餅乾，你跟我點個頭說『謝謝』！」

他當時才剛學會叫爸爸，我想，只要他懂，點點頭絕對沒問題，但他沒有照做，卻只見他的手很快伸過來抓餅乾。我抓緊不放，然後看著他的眼睛，邊教他點頭，邊微笑著對他說：「你跟媽咪說一句『謝謝』，點個頭就好，我就給你一個餅乾。」

他不想照著我的話做，只想拿走餅乾，我堅持不給，但我還是溫柔的對他說：「不行！」然後再教他一次。他還是一樣不從，並且這次還唉叫了兩聲，看來快哭的樣子。只是我仍舊沒有心軟，即使他後來甚至邊搖頭、邊哭了起來。我雖心疼，但為了可以教好他，仍然堅持不給就是不給，然後再次耐著性子告訴他：「說『謝謝』！媽咪給！」

我們就這樣一來一往僵持了半小時，最後我再跟他說一次：「餅乾給亮亮，只要說『謝謝』！」他眼看著我的堅持，似乎知道他怎麼流淚都沒有用，於是這次他終於決定讓步了。他突然收起眼淚的看著我，點了一個頭，也說了一聲「謝謝」，之後就愣在那裡，等著看我的回應。哇！我實在好驚訝，也非常的高興，很快速的塞給了他一片餅乾，他也迅速的塞進嘴巴，很快的吃完了。我又對他說：「亮亮說『謝謝』，媽咪給你餅乾。」這次他毫不猶豫，很快的說謝謝，於是我又再給他一個餅乾。

接下來有趣的事情發生了，他根本手上的餅乾還沒有吃完，就邊吃、邊跟我點頭、邊說謝謝，我開心到把我手上的那袋餅乾，一個一個都發完給他，以獎勵他有禮貌的請求。

當時他才十個月大吧！我相信不管孩子大或小，禮貌是教出來的，他懂、不懂，全看父母的堅持與耐心。如果在我第一次要求兒子說「謝謝」，他沒說時我就放棄要求，那麼我的放棄，只會換來他更晚學會說「謝謝」而已。

從那天之後，無論他看到什麼想吃的，一定會先說聲「謝謝」，才伸出手來要東西，於是，有禮貌的習慣就這樣建立起來了。

後來家中陸續有三個孩子之後，我對他們的禮貌要求都一樣堅持，**規定他們在請求人幫忙時，前面一定要加一個「請」字，知道自己做錯事情時，一定要虛心的先認錯，快快的說「對不起」。**

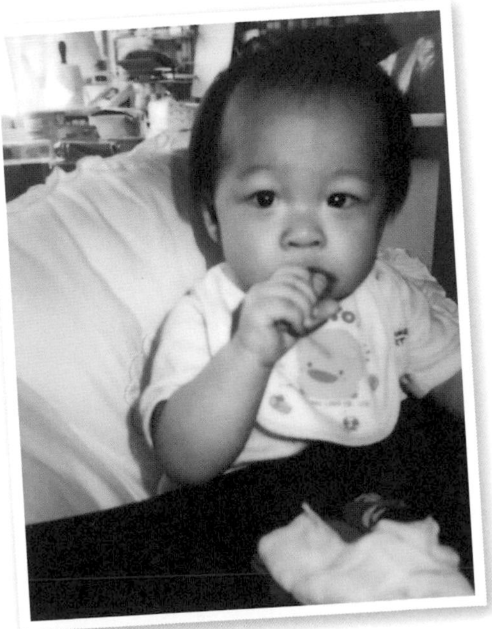

用簡單的方法教孩子禮貌。

我也要孩子們時時記住別人對他們的好，特別是要體恤辛勞為我們付出的每個人，所以我也要求孩子在用完餐後，都要到我身邊跟我說謝謝，這個習慣一直持續了很長一段時間，他們吃完每餐離開座位時，都會輪流的跟我說：「**謝謝媽咪為我煮飯，妳煮得好好吃喔！**」現在長大了一點，他們則只說：「Thank you, mother.」來表示謝意。如果是在外面餐廳用餐，離開前他們則會對請客的人說：「**謝謝叔叔阿姨請我們吃飯！**」或「**謝謝媽咪付錢**」。

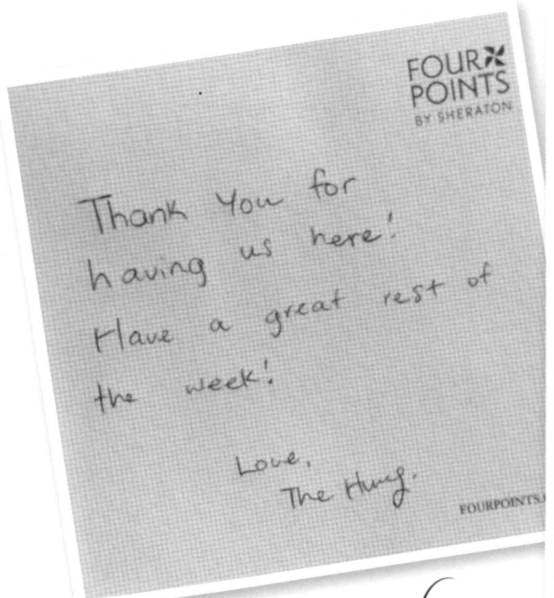
FOUR POINTS BY SHERATON
Thank You for having us here!
Have a great rest of the week!
Love,
The Hung.

THE LISTEL HOTEL
Vancouver
Dear Listel Hotel janitors.
Thank you for cleaning our rooms. It really means a lot to us.
@sparkelzzzzz

孩子從小就懂得對為他們服務的工作人員表達感謝。

常常我們赴外地旅遊，入住任何飯店，他們也會貼心地寫張小字條，謝謝為我們打掃的清潔員。我從沒這樣教過他們，但是當我第一次看到他們這麼做時，非常欣慰也感動。

除了正面的話，我禁止孩子「說負面的話語」。

我家有規定所謂的「禁說字眼」，例如：死、欠揍、F words 任何髒話、S words 不雅粗俗的話等，都不可以說出口。而且不只小孩禁止說，連大人也不能說。

我認為要培養孩子優雅的氣質，必須要從口中的話語開始。一個有辨別能力、分辨善惡的孩子，不會在外邊聽見什麼話，就複製著照學。基本上，一個被教導過、謙卑受教、順服的孩子，除了會懂得分辨，也會盡力拒絕惡言從口而出。

有禮貌的孩子，自然個性也會隨著溫和謙遜。及早建立孩子有禮貌的習慣，我所得到的好處是：

◈ 孩子懂得凡事感恩。
◈ 孩子的心腸更加柔軟、謙卑受教、知錯認錯。
◈ 孩子的說話溫柔合宜，需要他人協助時，會以「請」「麻煩你」或「拜託」為開頭來請求幫忙。

優雅氣質從慢慢說話、安靜專注做起

我幼年時期是在父母的吵架聲和責備謾罵聲中成長，所以在我出社會離開家庭後，對於他人的情緒性話語，總是特別排斥。

我常覺得，說話可以好好說，為何非得提高音調、拉大嗓門呢？只是工作職場環境中，還是會遇到很多此類無法掌控自己情緒的人，所以當我看見類似令我反感的狀況時，總引以為鑑，告訴自己千萬不要成為一個用負面情緒、言語與人交談的人，我也期望我所建立的家庭，能夠有共識的生活在優雅和樂的氣氛中。

「說話要慢慢的說，溫柔的說，不需要大聲，就可以聽得很清楚了。」

「可以說話，但是不可以這麼大聲喔！」

我不希望孩子粗暴，我就不讓他們看到我有任何言行上的粗暴模樣。特別是幼小的孩子，他們跟猴子一樣，總是見樣學樣的，所以在言行舉止方面，為了不讓孩子們學到任何不好的，我會很注意夫妻間的對話，或對孩子的說話語氣。我也允許孩子有糾正父母不當言行的權利，倘若大人說話稍稍口氣不對，那麼孩子便會提醒。

印象中有一次在車上，我的前夫和我兩人，你一言我一語的，說話的音調一句比一句高，結果我家老三跳出來說：「爸比媽咪，你們說話不可以這麼大聲喔！」

當下我們立刻收斂，以免孩子以為可以和人大聲的對話，而且若我們那時不聽勸告，繼續大聲下去，或許連大人不聽勸的樣子，都會被孩子學去了。

我相信只要能守住**「輕聲細語、和緩的應對」**這個大原則，就可以為建立平和的家庭氛圍打下基礎。我自己平時也像個糾察隊，隨時看到或聽到家中孩子有任何言語表達上的不良態度，就會立刻介入處理。當然不是只有去制止孩子表面不當的說話態度或行為而已，而是連背後引起這些態度不佳的原因都要徹底了解。我認為唯有及時、不遲疑的介入問題，了解孩子「犯規」的原因，才能有效率的協助孩子處理態度問題，進而徹底的改善說話語氣。

另外，**讓孩子練習安靜，也是培養孩子優雅氣質的好方法**。特別是在等待的時候，是訓練孩子的最佳時機。舉例來說，我有時會帶孩子一起去參加大人們的聚會，為了不讓他們太無聊，我會跟他們預先說明，今天去的地方是什麼狀況，多長的時間，可能有哪些人，讓他們可以在出發前準備好他們可以打發時間的書籍（還好當時沒有3C），如此一來，他們等待的時間就不會無聊到坐立難安。

有件印象很深刻的事，發生在他們平均年齡只有八歲的時候。那次我必須去參加一個教會的特別聚會，需要上課三個小時。當時找不到臨時褓姆看著他們，而未滿十三歲的孩子是不能單獨留在家裡的，於是我只好帶著他們一起去上課。

當時現場應該有一百多人，我們找了一個中間前段的位置坐下，孩子們都坐在我旁邊，一人一個位子。我看現場除了我家孩子坐在教室內，其餘的孩子們都是被安排在其他的地方。

我的孩子坐下之後，他們三個人就從自己的書包裡面拿出預備好的書、筆記本、聖經、畫冊什麼的，所以當我專心的聽現場台上的牧師上課時，他們就各自安靜的做他們的事，連從書包裡面拿任何東西出來時，也都很小心安靜，不發出任何噪音，就怕影響到別人。

安靜、專注能激發
孩子的學習潛能

在這幾個小時內，外面不時會傳來一些不受控的孩子大吵大鬧、到處亂跑亂叫的聲音，他們的吵鬧嚴重影響了教室內的授課，連我其實也受不了，幾度想跑出去勸告那些別人的孩子們。而這些孩子，和我那三個屁股黏在椅子上，安靜又安分的等待媽媽下課的孩子們，形成了很強烈的對比。

後來終於結束聚會了，台上的牧師在散會前，忍不住好奇的在台上問著，這三個孩子是誰的孩子？可能是覺得他們年紀這麼小，卻這麼有耐心、沉穩地坐得住，於是特別稱讚他們，也要大家都能轉頭看看這三個安靜的孩子，更告訴在場家長，希望在座的父母都能學習我，好好的教養自己的孩子。

這是最令人感到安慰不過的事了，我的孩子們也因為被稱讚而心滿意足。我相信只要方法合用、合情、合理，每個人都能教出談吐優雅、言行合宜的孩子。

鼓勵孩子誠實認錯的好行為

從孩子三歲懂事開始，我就訂下「不能說謊」這條家規。或許很多人認為孩子天生會說謊，包括我自己年幼時，常常是謊話一個接一個，甚至還會睜眼說瞎話。我回想年幼時說謊的主要原因，是因為害怕被父母修理，所以才闖了禍也不敢承認。只是後果往往更糟糕，因為當謊言被戳破時的那種難堪，除了喪失父母對我的信任，也會因為沒有台階可下，造成親子之間的尷尬隔閡。

《聖經》中，上帝為了不讓人犯罪，所以立了十誡要大家遵守，我以自己年幼時的經驗為借鏡，經過思考後，**我家立下「三誡」（不說謊、不做危險動作、不能傷害別人）**，若是觸犯這三誡，則是以體罰來嚴懲，讓孩子知道這是絕不能犯的錯，而這三誡除了一誡是與生命安全有關的，其一的就是這項品格誡命——不能說謊。

要孩子不說謊，首先一定要讓孩子知道說謊帶來的後果，還有誠實的好處。

另外，真正遇到事情的時候，想要從孩子口裡知道真相的話，家長千萬不能帶著怒氣來詢問真相，否則反而會迫使他因為害怕被責罰，而編出另一套故事。

平時必須讓孩子真正放心，若遇到了事情，父母一定挺他到底，這樣一來孩子什麼事就都會跟父母說。這種孩子對父母的信任交託，是絕對有必要首先建立的。

在我小女兒五年級時，有一天她放學回家，我看她表情怪異，說話聲音有點抖，我心想應該是有發生什麼了。我心裡其實有點緊張，但是卻假裝語氣輕鬆的問她：「今天學校好嗎？」

小女兒可能是因為心虛，不確定她的所作所為是否正確，所以頭低低、小小聲的說：「今天我下課時間在教室的門口堆雪人，堆好了之後有一個四年級的男生看到，竟然莫名其妙的把我的雪人踢倒，我很生氣，叫他把我的雪人修好，但是他不要，所以我就開始追他想打他，他就一直跑，等我追到的時候，我就很生氣的從他的腳上狠狠地踢一腳，因為他就是這樣踢我的雪人……！」

我猜她講完後心裡肯定忐忑不安，覺得我可能會責備她，但我聽完後這樣跟她說：

「寶貝！妳做得太棒了，妳不僅知道怎麼保護自己，妳也很誠實的告訴媽咪發生什麼事，不害怕我的責罵。妳非常勇敢，做了對的事了。以後我猜那個男生絕對不敢再欺負妳！」

女兒一聽完馬上抱著我撒嬌，因為說實話為她帶來了心安和媽媽的支持，這是比什麼都寶貴的好處。

以我自己的經驗，父母和孩子若有相同的信仰，也會省去許多溝通上的難度。

特別是我兒子，我總是用聖經來引導他，因為他讀過聖經，也承認這個信仰，所以當我以愛心，用聖經的話語勸告他時，他便能安靜地去思考、去理解、去分辨、去做最後的決定。有時即使明知道他撒了個無傷大雅的謊話，我也不戳破他、不和他強辯到底，給他時間思考，也為他禱告。

小女兒美福睡前讀聖經

洪亮六歲開始讀聖經

記得他十二歲時的某天，在我臨出門前，兒子頑皮的舉動惹怒了妹妹，讓妹妹嘎嘎的叫。我因為急著要出門，於是很快介入他們的糾紛，想要迅速解決此事。其實我也略知事情的經過，於是想引導兒子快快的伏首認罪，只是兒子竟出我意料的強辯，說他沒欺負妹妹，他專心的在練琴，是妹妹在跟他玩，絲毫無悔意。

我知道他說謊、不認賬，所以只好處罰他，並收走他心愛的玩具。我通常不在緊急的狀況下處罰，因為怕孩子不服，但是當時他明知故犯讓我別無選擇，只好就立刻執法。其實那時我心裡非常不安，因為看他一臉不服，還生氣的怪罪妹妹的樣子，讓我擔心他是「慚愧轉生氣」，只是我為了堅持已做的決定，就忍住不動怒的在出門前，冷靜的丟給他一句話：「你自己好好想想吧！我不會改變我的決定的，東西也不會還你。」

這件事若發生在其他青少年身上，可能他們會與父母槓到底，並且無知的在心裡怨恨父母的管教。所以我上車後心裡還是感到不安，就怕他不成熟。既然什麼事都不能做了，我只好邊開車，邊為兒子禱告，想說其他只能等回到家後再處理。

沒想到不到三十分鐘的時間，兒子竟然打電話跟我說：

「媽，妳能原諒我嗎？剛才是我不對，我琴彈到一半，去搶妹妹的東西。妳出去以後我就跟上帝禱告，在禱告時，我看到我裡面有一些罪。」

「以前有時候，我跟妳說我做了功課，我做了這個、那個，但是其實我並沒有誠實，我還沒做完，卻跟妳說做完了。今天讀聖經時被聖經上的話提醒，我才知道是我的錯。我也知道是因為我的罪，所以破壞了我們原本的好關係。」

「我已經為自己禱告，求上帝幫助我，原諒我，我以後不要再這樣說謊了，我們可以重新開始嗎？」

我一聽簡直開心極了，原本還很擔心他不承認自己的錯誤，也擔心因此破壞了親子間的和諧關係，但是卻因為我和孩子共同的信仰，他願意謙卑認錯，這才讓我放心了許多。

從年幼一直到現在，在這一方面我還是以信任他的方式來教導他，因為我深深的相信，有上帝、聖經的準則在他裡面，所有的罪惡都會無所遁形，他會知道該怎麼做才心安理得，不被罪惡感掌控。

很多父母問我，父母究竟要如何接納孩子無心的過錯呢？我認為，若是初犯，父母不要在得知孩子犯錯時，立刻怒責孩子，或對孩子施加嚴厲的體罰，否則未來孩子很可能會因為害怕受罰或被罵，開始找各種理由掩蓋事實、睜眼說謊。一旦說謊習慣養成，或謊言被拆穿了，親子之間就會失去互信的基礎。所以，要鼓勵孩子誠實，必須先讓孩子勇敢的面對錯誤、承認錯誤、進而拒絕錯誤、遠離錯誤。

我忘了那天究竟發生了什麼，只記得大兒子犯錯之後便心驚膽跳的，表情看似坐立難安。我讀他心裡的OS，應該是想：「我犯的錯應該足以讓媽咪修理我一大頓了。」他的恐懼全寫在臉上，這叫我到底該怎麼拿捏管教才好？

於是我先在心裡快速的禱告求智慧，也壓住原本高昂的情緒，深呼吸一口，提醒自己，我此時的態度很重要，在未來，絕對不可讓他在「面對錯誤」這件事上產生懼怕，否則他會變成一個「膽怯面對失誤」或「害怕負責任」的人。

於是我試著這樣做：

◈ 語氣平和柔順的了解前因後果：目的是知道真相和孩子做事的動機。

◈ 告訴孩子，若據實以告絕不體罰：這樣可幫助孩子不隱瞞真相。當孩子坦誠錯誤時，父母要說到做到，不體罰，孩子才不會因為害怕被打而扯謊。

◈告訴孩子，每個人都有機會重來：讓孩子知道每個人都會有犯錯的時候，只要知錯不再犯，每個人都能被原諒，如此孩子未來也會有同理心，原諒並接納他人無心的過錯。

◈不再言語定罪：不給孩子心理壓力和罪惡感，讓孩子很快就能忘記過往、不再明知故犯的重新開始。

◈孩子知錯後，父母要鼓勵孩子誠實認錯的好行為：讓孩子覺得勇於認錯也是一份榮耀。

孩子就像幼嫩的苗，需要父母細心照料，**培養孩子誠實的品格，要從親子間的互信開始。**當他們犯錯了，就一點一點修正，一步一步引導，那麼苗必會愈長愈挺直。

是頂嘴？還是表達意見？重點在態度與動機！

我很在乎孩子對人說話的口氣、說話的態度與說話的動機。若是他願尊重長輩、溫柔和善的與人應對，我會常常獎勵或讚美他；若是他說話態度不好，再加上若他說話的目的，只是不認可他人的觀點，那就是所謂的頂嘴了。

只要我看見任何不妥，我便會隨時糾正這種不友善、不耐煩的口氣，我會不厭其煩地、一次又一次的立刻糾正。

因為壞習慣容易養成，所以從小就要讓孩子清楚知道，壞口氣會破壞人際關係、壞口氣說話，容易讓聽的人塞住耳朵，拒絕聆聽，甚至會引起更激烈的情緒反應，互相對嗆。

許多父母在與孩子的交談中，很容易因為孩子的壞口氣而惱怒，然後接下來親子間的不好態度會繼續的循環著，使親子關係變得更糟糕。每次當我要糾正孩子不良的態度之前，我也會先思考一分鐘後再說話。先注意自己說話的口氣，然後再用溫和卻認真的口吻向他確認：「**請問你是在頂嘴？還是純粹只是想表達意見？**」

若他回答：「我不是頂嘴，是想發表意見。」

我便會接著提醒他：「若是如此，你說話的口氣不需要加重，否則我會誤會你的意思。」

大人一定都不喜歡小孩頂嘴，所以從孩子年幼時，一發現有類似「頂嘴」的嫌疑時，千萬不能不處理，否則孩子會認為，這種不尊重長輩的行為是被允許的，而頂撞父母的壞習慣一旦養成後，要再去扭正他，恐怕就會更吃力了。

我也曾發現，我家兒子竟然接著我後頭不斷回話，當時他才十歲不到。那天，他似乎有什麼一直想找機會說，但我當下是不高興的，因為覺得他的口氣有點兒沒大沒小。

接連幾天和兒子交手，終於我被他惹火了，當時脾氣幾乎快飆出來，但是我還是強迫自己冷靜的思考。後來為了不讓他養成頂嘴的壞習慣，我決定讓他知道我的感覺：

◈ 你刻意用頂嘴來表達你的意見，媽媽覺得沒有被尊重，很難過你用這種態度對待我。

◈ 我尊重你的想法，但是若是口氣溫和，或許媽咪會同意你。

◈ 妹妹們都在看，也會學。我不可縱容你任何不禮貌的態度。所以，你再繼續這樣對我說話，我就必須處罰你，說到做到！

那次溝通完後，往後只要他想回嘴之前，就會先思考一下，並且會試著控制自己的言行態度了。

不管是大人或小孩，對人帶有不敬或情緒性的口氣說話，都是挑釁、頂撞的表現，會令人感到不舒服，也會破壞原本良好的關係。而溫和理性的說話方式容易說服人，也對人與人的進一步溝通有幫助。尤其年幼的孩子特別需要大人耐心引導，但是身為父母的也要千萬謹慎，別因為孩子三言兩語的挑釁態度，就掉入了負面情緒的圈套中，自己反而成為在生氣的大孩子了。

不能讓耍脾氣成為孩子的特權

孩子年幼時，我立了幾項必處罰的項目，其中一條是不能使性子、亂發脾氣。

年幼的孩子因為言語表達能力有限，所以常常會以情緒的直接反應，來傳達自己的不悅。若第一次父母看見孩子使性子而不立刻修正，那麼孩子會誤以為「使性子」就是表達想法的合理方式。

當我還年幼的小孩在使性子時，為了不讓他們養成習慣，我通常會用眼睛認真的看著他，然後告訴他：

「你有哪裡不舒服嗎？」若確定沒有，就繼續引導：

「你慢慢說、用說的。你用哭的、用鬧的，我沒有一句聽得懂。」

如果他還是要繼續鬧，我會告訴他：

「我不接受你用哭鬧的方式跟我說話，媽咪已經給你機會好好說了，如果你必須要感覺到痛才知道不能哭鬧，我就只好處罰你，讓你痛。現在我給你選擇，你需要被『修理』才願冷靜下來？還是你自己可以好好的說？」

雖然他們可能才五歲不到，通常聽到我這樣一說時，孩子就會立刻收起他們的任性，識相的停止哭鬧了。印象中，我的孩子幾乎沒有什麼鬧脾氣的時候，我覺得那是因為我有認真的訓練，讓他們學習控制自己的情緒。

家裡沒有小霸王！**鼓勵他們用言語理性的表達自己的想法，一有發脾氣的行為，立即提醒並糾正，不讓「使性子」成為一種習慣。**

至今，即使他們想要「表達」情緒也都會有所分寸，不會故意耍賴。從小就訓練孩子管理自己的情緒，他們會愈來愈知道界線，也會從自制當中掌控好情緒，成為高ＥＱ的孩子。

幫助孩子學會管理情緒不暴怒

生氣是人自然的情緒反應，生氣不是錯，但是憤怒過頭會因為太過自我，導致後續更不當的言語行為產生。所以父母一定要協助孩子適當的處理情緒，以便待易怒的性格養成時，若要修正就要耗費更多心力了。

當一發現孩子有怒氣時，首先要想辦法先讓他冷靜下來思考。在他情緒稍稍冷靜過後，再來詢問原因，試著引導勸告孩子。告訴孩子凡事避免用憤怒處理的好處，是可以免去孩子在一時情緒過不去時，做出誤判的行為指令。例如：打人、甚至用武器傷害人等。

或許很多的父母會讓孩子們覺得，孩子生氣是不應該的。因此孩子的負面情緒若在第一時間被拒絕接收，那麼就無法用健康的方式來妥善的處理怒氣了。

我協助孩子處理負面情緒的次序優先如下：

1. **先接納孩子的情緒。**
2. **試著了解真相。**
3. **認同他的感受。**

4.再用正確觀念來引導。

舉個例子來說，兒子十六歲時，有天放學回家，表情看來好像是吃到炸藥似的，雖然他並沒有對家人發脾氣，但是大家卻為他的異常而擔心。

我追問了幾次後，他終於要答不答的說出事情的原委。原來他在學校的電梯裡遇到一群九年級的男生，這群人怒嗆了兩個也在電梯內的學姊，大聲的把她們罵哭了，還故意嚇唬人，在電梯裡面跳動，讓電梯震盪不停之後，一直大笑的故意挑釁我兒子。

我兒子氣憤異常，他說：「媽，我一股火上來，很想要跟他們打架，覺得他們超級不懂事，**只是我又擔心會惹來更大的麻煩，被學校記過，所以才沒有動手。**」

我聽了一下覺得很驚訝，因為兒子已經不是我心目中的小男孩了，而是變成會因為不公義的事情發怒的大男孩。他在敘述這件事的同時，還帶著對那些人的憤怒，所以他還在情緒上時，實在會讓我有點不知所措。

我心裡暗自禱告過後，決定先從孩子天生對人的同情心來著手！我看著兒子說：

「兒子啊！我為你的忍耐，為你沒有選擇動手打人感到驕傲，因為你已經可以成熟的控制你的怒氣了。你可不可以試著想一下，如果這些孩子偏差的行為，

是因為沒有父母在身邊教導他們，所以他們學習的對象是來自錯誤的人，那他們是不是很值得同情呢？」

兒子說：「他們太白目了，真的讓我很生氣。」

我再安撫了一下並跟他說：「兒子啊，你現在知道你有多幸福了嗎？你該高興自己和他們不同，因為你知道分辨是非，也會禁止自己去做傷害人的事，可是這些人，可能連自己錯了什麼都不自知，甚至沒人敢去勸告他們，所以他們才會變本加厲。當你看見不公義的事，又無法用自己的能力去改變他們時，除了為他們禱告，另一方面就只能提醒自己，不要去複製他們的壞行為，成為令人困擾的人了。」

兒子聽完後，臉上的表情很明顯有了變化，不再像之前那樣眉頭緊鎖，似乎真的對這些人事，多了些憐憫和同情心，隔天再問他時，他已經不再那樣氣憤，似乎已經釋懷很多。

當孩子在氣頭上時，要立即讓他平息怒氣是有難度的，但是若是能**用言語引導他的思路，讓他換另一個角度思考，所帶來的結果將有機會不同的**。孩子有限的生命經歷，需要借用父母比他資深的經驗來判斷、帶領，讓他能試著用自己看不見的角度，來看這個世界。

Chapter 3

欣賞與鼓勵，親子零距離

從兒子小六那年開始，跟孩子討論後，就決定讓他們在家教育了。或許我比較了解自己的孩子，也看到孩子們自學後更主動的專注學習，再加上自學時間很彈性、容易安排，讓孩子在身心各方面的學習反倒都比過去平衡。

三個孩子從小也對藝術展現高度興趣。大兒子與小女兒鍾情於音樂，二女兒則熱愛繪畫。我相信只要欣賞與鼓勵，將會是孩子持續創作的動力。

一晃眼孩子們已是青少年，由於我一直願意傾聽，所以與孩子間的關係很親近，當孩子至今仍願主動跟我分享他們的想法與感覺時，我知道我的角色不再僅止於是孩子的母親，更是孩子們的好朋友。

讓孩子主動學習與規畫時間

從我兒子六年級那一年開始，我就決定讓三個孩子在家教育，而當初會在家教育的主要原因，是為了讓孩子在他們每個人的興趣專長上有更多時間發展。

第一年自學很像在摸索，他們在熟悉自學系統，我也在學，我學的是如何協助監督他們安排行程，他們學的是如何使用自學教材來自學、如何規劃自己每天的時間。

剛開始自學，我們加入的是加拿大的自學機構——Traditional Learning Academy，當我們一被審核通過後，機構就會派一位老師來協助孩子們選擇教材和課程，帶著孩子去專門的書店，讓孩子自己選擇合適的教材來使用，也會給孩子一份參考用的課程安排表，從這當中讓他們有個依循，可以清楚地知道自己的進度。

他們在每天的自習中，也要為自己的日程規劃時間，以免哪些課程沒做到，或沒有課餘的時間練習提琴。每週我必須要回報給老師，確定當週已經學習完的課程進度，若是有什麼難題，老師就會安排時間到家裡來看看，而也有些課程是需要大家一起討論或做實驗的，如果你沒有跟到，那麼就錯過機會學習了。

坦白說，「在家自學」的決定，一開始讓我感覺像是搬一塊石頭砸自己的腳，因為並不熟悉自學系統，從一開始就一直摸索，協助孩子們，修正他們每天的學習與生活作息規劃，來配合所有的自學課程，和課後的音樂舞蹈課程。在這同時我的心裡又擔心孩子，會不會在學習上遇到困難，我卻沒能力幫上什麼忙。

也曾有一些好心的人，他們由於過度關心以致責罵我，擔心我讓孩子自學會害了他們，但或許我比較了解自己的孩子，也好像在潛意識裡，已經為孩子安排了一條跟一般孩子不同的路了，只是還沒走到最後，如何知道什麼是成功？更何況每個人對成功的看法也有差異。

我當時只能感謝朋友的關心，厚著臉皮也擔負著重責大任，讓他們這樣繼續自學之路。等第二學期過去後，一切漸漸上手，而我也看到孩子們，除了學習時比過去更快樂專注，也因為自學彈性的時間，在身心各方面都比較平衡了。例如：孩子的睡眠更加充足，自由活動的時間增加，精神不再那麼緊繃，他們的學習效率更好，特別在音樂方面。

自學的第二年開始，我漸漸在他們身上觀察到一些事情，例如：

◈ 只要是他們有興趣，學得有成就感的課程，他們會一直想繼續挑戰更深，更艱難的課題；只要他們某些科目成績拿得不錯，他們那科目下次也會更好。

◈ 只要他們的日程沒趕上，第二天他們會努力補回來，因為他們自己也怕進度愈來愈落後。

原來會令他們主動又持續學習的最大原因，是因為那些科目引起了他們的學習興趣，以及他們天生的榮譽心。

所以我的結論是，**只要能引起孩子興趣的每一件事情（不只學科，也可能是其他各方面的學習，例如樂器甚至家事、娛樂），這些根本不需要大人提醒督促，他們就會主動積極地學習，而且學得很快樂。**但若是反之令他們產生厭惡，或是在學習過程中曾有遇到的不好經驗，那便會變成阻礙他們繼續學習的絆腳石了。

記得他們曾經在國外上過一次中文課，上完課回來之後，隔週他們就不願意再繼續去，因為那中文課的教學方式，令他們深感壓力，只是要他們死背字形，卻無法令他們感興趣學習，所以在這種逼迫式的教學之下，他們對學中文開始感到恐懼。因此一直到老大十三歲時，他們也僅止於會說簡單的會話，會溝通而已，根本無法識字，活像個文盲。

也由於他們有了不好的中文學習經驗，我就不刻意的要求他們死記中文字了。後來前年我們回到台灣，因為孩子們常常要自己出門，而一出門去到哪裡都必須要接觸中文字，久而久之，他們就能認字，或者讀出字，也能用拼音打出中文的文章，還能用中文為人禱告。

令我驚訝的是，當時回到台灣也不過才短短的一年半，他們的中文就能進步很多，這表示，學習任何事物，

◈ **要有動機：**要在台北生存，不得不學。

◈ **要有動力：**周圍人的鼓勵、為了與人用中文溝通良好。

◈ **要能持續：**因為要繼續生活在台北，中文是最通用的語言。

學習的幾個原則：

1. **需要性**
2. **實用性**
3. **環境的影響**
4. **興趣**

很多父母希望孩子學樂器，其實也是相同原則，若孩子自己覺得沒有需要，未來也不實用，週遭的朋友也沒人一起學習，再加上他自己對這樂器沒興趣，那麼要他有動力去學習就很難了，更何況是要持續，或是主動學習。

我曾聽過很多青少年這樣跟他們的父母說：「你要的鋼琴十級檢定我已經拿到了，從今天開始，我不會再摸鋼琴了。」

可見他們是被逼著學習，為了要達到父母的要求而勉強自己而已，但是目的達到後，他們就認為父母沒有什麼理由再逼他們彈琴了。

我很感謝能看到這些例子，讓我可以常常提醒自己，支持孩子們往他們的興趣發展，才能讓他們學得主動，也學得快樂，或許這也是某種成功的定義吧！

我認為成功的學習是：享受在學習當中、學習能帶來成就感、未來還能學以致用、所學的帶給周圍的人益處，還能讓父母得到尊榮。

欣賞與鼓勵，讓孩子盡情創作

我覺得創作沒有規則可言，因為創意是自由的；
愈不受限的創作，愈能創造無限可能。
藝術就是所謂沒有原則的創作，
所以欣賞藝術也沒有什麼準則，完全憑個人喜好。

也因如此，或許我會表達出看到藝術作品的感受，但我絕不評價孩子的創作，只有欣賞與鼓勵。

我認為父母的欣賞，將會是孩子持續創作的動力之一，而持續且漫無目的的創作，才有機會製造出更多美好的作品。

我的大女兒巧妙不到五歲就開始畫畫，每次她畫完一張圖，一定會拿給我看。當時她還小，我總是用很誇大的驚嘆語氣和誇張的喜悅表情來稱讚她的作品。誇完後，她會樂得跟什麼一樣，所以就更樂於向我分享她的作品。當我愈鼓勵讚美、她就畫得愈好，雖然她從沒去花錢認真學畫，但不到十歲，她就在不受限的創作下漸漸畫出自我的風格，而且愈畫愈精緻。至今她仍熱

自由自在，
不受限的快樂創作，
讓大女兒畫出自我風格。

愛創作，有著「沒煩、沒惱、沒神、沒經」浪漫個性的她，常常是享受在自我陶醉的作畫過程中，真的很令人羨慕！

大兒子洪亮則對寫詩很感興趣。他十一歲時我才注意到，他寫了好幾首詩，寫得都很貼切也同理人心。我常常被他寫的詩感動，甚至鼻酸流淚。特別這篇關於軍人的英文詩，那詩的畫面、那詩的意境和傷感，總是縈繞在我心，久久揮之不去。

記得那一天是加拿大的軍人紀念日，加拿大全國都在緬懷為國捐軀的軍人。兒子或許感觸良多，所以當晚就寫了一首英文詩，並且上傳臉書。我當下閱讀那首詩的意境時，覺得很有畫面，彷彿他所描述的故事歷歷在目。兒子知道我很欣賞他的作品，所以只要有任何新作，一定會趕緊拿給我讀。至今我仍是那個會欣賞他寫作，並且總是熱切與他一起討論創作的知音。

除了寫詩，兒子在十六歲時也開始創作國語歌曲，一連好幾首都令我印象深刻。十七歲時，因為一個特別的機會，他的創作接連被電視偶像劇看中，所以同年前後賣掉了兩首曲子。當他獲得這種特別的肯定之後，自然就能激勵他樂在持續的創作中。（東森電視台：我和我的四個男人片尾曲〈邊緣朋友〉。插曲〈Love Today〉）

Samuel Hung is with **Eric Jiang**.
November 3, 2014 · Taipei ·

Remembrance Day Poem by Me :)
Oh When?

The sound of the drums, the march of the men.
The rain pouring on them, when will we stop, oh when?

The litter on the battlefield, the killing of men.
The firing of guns, when will we win, oh when?

The fall of comrades, the death of men.
The final white light, when will we die, oh when?

The tolling of bells, the tears of women.
The fatherless kids, we'll see him again, again.

by **Samuel Hung**

緬懷軍人為國捐軀，
大兒子洪亮寫的英文詩。

小女兒美福也喜歡音樂。在她十四歲時的某個晚上，突然就抱著吉他到廚房找我。她抓著我的手要我坐下來聽她唱歌，當時我毫不遲疑的放下手邊的家事，準備洗耳恭聽。她先興奮地告訴我，早在前一年她就寫了好幾首歌，那天晚上她又創作了另一首，所以很興奮的想要得到我的肯定。

她邊彈吉他，認真投入情感的唱著她的新歌。唱完第一首歌後，她停了下來問我：「**好聽嗎？有什麼感覺？**」我當時邊聽邊流淚，除了開心的稱讚她，感動得說不出其他的話了。

我不單單只是被她所寫的歌詞和旋律觸動，令我動容的是，才十四歲的少女就能有這樣細膩情感的創作，讓我真是讚嘆驚喜。她看見我的回應之後，露出滿足的笑容，還繼續一邊講解靈感的緣由，繼續演唱下一首歌。就這樣一首接一首，看著小女兒能快樂的享受在自己的創作中，我也不知覺的欣賞，成為她的超級粉絲了。

小女兒美福喜歡音樂，也在創作方面展現天份。

分享與傾聽，讓親子關係更緊密

睡前聚會，圈住了一家人的情感

從我小女兒兩歲開始，我們全家每晚睡前會在房間內圍成一圈，一起唱唱詩歌、背背聖經，簡單的分享心情和禱告。每晚的聚集，藉由彼此分享，養成孩子們勇於表達的習慣，讓他們很自然的向家人表達自己的感覺。

我們每晚的聚會通常都是這樣進行的：

每天輪流有一個人帶頭聚會，而帶頭的人要想好兩個問題來發問，然後引導大家來分享，每個人都會輪到機會帶大家，連最小的女兒都要學習當 leader。

問題可能是：「你今天最開心的是什麼呢？」

然後每個人就會輪流回應問題。

可能有人會回答：「我今天最開心的事是媽咪帶我們去吃冰淇淋。」

另一個人或許回答：「我今天沒有開心的事……。」

就這樣聽完每個人的回應後，再來問第二個問題。

為了鼓勵他們多多分享，當一個人分享完後，其他的人就會熱烈的拍拍手，不管他們所說的是什麼，我們必定開心地回應鼓勵，因為他們願意敞開心門，無保留的對家人說出內心的話。

每晚在全家人一起唱唱歌，說說話、背聖經經文的聚會程序下，最後會再以一個感恩的禱告，來結束充實忙碌的一天。

仰賴家人、享受家人的愛，這是孩子一生道路最重要的部分。因為愛他的家人會無條件的接納他的感覺，願意傾聽他內心的想法，因此孩子必定更樂於向家人分享。

這樣的睡前聚會，圈住了一家人的情感，年齡隨著時間增長，孩子能表達的更多了。除非他們詢問我對某件事的看法，否則我對他們所分享的，就還是傾聽與分擔，這就足夠了！

他們現今已是青少年，當他們還是常常在對我傾倒想法，毫不保留的對我說出內心的感覺時，這實在令我開心不已，因為我的角色不再僅止於是孩子的母親，更是孩子們永遠的好朋友了，一個無條件的傾聽者。

同理感受孩子的想法，不下指導棋

不只睡前時間，清晨起床之前，也是我和孩子談心的最佳時刻，特別是週六早晨或週五夜晚，更是我們可以暢談無限的美好時光。

三個孩子很會爭取時間，有話想說的時候，即使看到我已經累得癱在床上，還是會迅速鑽進我的被窩，摸著我的臉就霹靂啪啦的說（你們見過迅猛龍的動作嗎？就像那樣。）

當我沒專心聽他們說話時，通常老大會說：「吼！媽啊！你都沒有在聽我說！」

老二則說：「**誒媽，妳都沒聽妳的小孩說話耶！**」

老三就會強強的扶著我的雙頰，讓我的眼睛注視她的眼說：「**媽咪！媽咪！媽咪！聽我講話。**」

他們只是想引起我的注意，讓我專注的聽。我總是在快要睡著的狀況下，還要努力打開自己的耳朵，聽聽他們究竟要講什麼。

因為如此，孩子們有很多心事我都知道，包括誰喜歡他們？他們喜歡誰？今天發生了什麼事？什麼讓他們心裡過不去？

在我們家是沒有祕密的，我自己也很愛跟他們傾吐，這當然包括我的私人情感，他們聽著聽著，還會反過來指導我，教我該怎麼處理會比較好。

我很喜歡全家排排躺在床上的交心時刻，全家擠一起，KingSize的床也塞到沒空隙。總之，我覺得這樣的溝通很有創意，我的方法很隨意，也讓親子間的互動溝通目的達到了。

我也常在開車時，利用時間跟孩子們說話。我讓孩子知道雖然我是媽媽，但我跟他們一樣，需要向人分享我的感受。如此，孩子不僅是單向的學習表達、練習傾訴而已，他們也必須學習有耐心的傾聽，**這能幫助他們成為不自私、不以自我為中心的人。**

日子過得愈久我愈發現，願意傾聽和願意用言語表達，這些都是可以持續和孩子保有良性互動的關鍵原因。**當孩子願意傾訴時，我只負責傾聽和擁抱，其餘的都不必多做，**

我和老二的床上談心時間

那麼自然而然，孩子下一次就會再來找我傾吐，找我的懷抱得安慰了。

我只想讓孩子有安全感的知道，他們的感覺和想法是被我接受的。每一個人都有權利表達內心的感受，沒有所謂對與錯，因為「感覺」是經過環境的碰撞後所留下來的回應，不管是好的感覺、壞的感覺，人會有感覺皆是正常。

當我成功的成為孩子們主動傾訴的對象時，我就能隨時更新到他們心理的最新狀態，也能隨時在他們需要時，成為他們的幫助了。

親子溝通無障礙，來自於父母願意花時間陪伴，肯耐心、專心的聽他們講，也願意用同理心感受他們的需要。很自然地，在身心靈健康平衡的發展下，孩子們都能成為一個人格健全、獨立思考、冷靜判斷，然後對自己的決定負責的人。

肢體的接觸，有助孩子把心敞開

很多父母和孩子之間有溝通障礙，其實是日積月累來的。原因部分是，當孩子有任何情緒反應時，父母的表現不是接納安撫，而是質疑責備。因此在孩子原本已處在負面情緒的狀態下時，卻又再受到另一次的拒絕，所以孩子若下次遇到問題，也不會輕易對父母表達他的感受，可能連真相也不說。因此父母就無從得知孩子真實的內心狀況了。偽裝、假像、冷酷……，這些逐漸形成一副替代真實感覺的面具，使親子間的溝通出現問題與障礙。

我家小女兒，是三個孩子當中，比較容易受環境影響情緒的個性。我試過很多次，只要她在心情不好時，我過去搭著她的肩，或緊緊的擁抱她，其他什麼根本都不用做，她過沒幾分鐘

我的擁抱，代表我對孩子們的理解與接納。

兒子的擁抱代表他對我的依靠與信賴。

孩子的熱情擁抱是我的能量。

就會打破沉默，把她難過的所在一一道出了。

或者她在流淚時，我就只需要看著她說：「噢，這樣嗎？**我都知道妳的難過，沒關係的，我都知道，讓我安慰安慰妳就好了。**」然後把她緊緊的抱在懷裡哄著，讓她感受到我的支持與愛。每當我這樣做時，孩子的心情也就能很快的平靜恢復了。

我想，我的擁抱就代表了我對她情緒的理解與接納；也因為這個深深的擁抱，所以即使我不說話，也可以安慰到她了。**前面的接納感覺，為我們後面的溝通起了個頭，使接下來的談話暢通無阻。可見父母同理的態度，就是開啟孩子心門的一把鑰匙。**

也有些父母，或許之前和孩子之間曾有過不良的互動，使得彼此之間已經築起了一道牆，所以若要重拾孩子對父母的信任，需要再重新耕耘。只是若孩子的心已經形成了一塊硬土，那更要先努力鬆土，然後才有重新種下信任種子的可能。

若父母已積極敞開接納孩子的態度，孩子卻拒絕接受，那麼也不要氣餒。一次次無條件的包容接納孩子，能累積孩子對父母的信任。除了要常常為孩子禱告之外，能讓孩子打開心扉的方法，唯有勤勞的耕耘、耐心的等候、用愛不斷澆灌，相信很快的就會結出美好的果子。

設界線、彼此勸勉造就，三兄妹手足情深

我其實也不知道這十多年來，我的三個孩子究竟是用什麼方法，才能相安無事、和睦的在同一屋簷下成長。可能是我訂好了規矩，讓他們能在界線內安分守己、或是他們已經有過很多練習，知道如何去協調容易引起爭執的事情。爭鬧的事減少了，兄妹間的情感自然就會增加了。

因為聖經的教導，還有我的指導，**他們從小就明白要去欣賞他人的優點、不去放大他人的短處。他們知道要看別人比自己強，因此弟兄姐妹之間沒有競爭嫉妒，也就能減少爭吵的機會。**

我常常看到他們在需要幫忙時，會請求彼此的協助，互相幫忙、互相成全。被幫忙的人，就

三兄妹從小就會互相幫忙、互相成全，長大後感情仍十分融洽。

有被愛、被支持的感覺。

這就是一個良性的互動關係，由成熟的大人設好規矩，一起製造和諧的氛圍，然後全家人一起練習。那不斷的練習所累積出來的成果，就能使感情加溫了。

我在旁側觀察了多年，兒子每次需要寫卡片送人，懶得出門買，他自然會去找老三，請她製作卡片。哥哥可能會付她少少的工錢，謝謝她的時間付出，這樣就是一舉兩得的互惠關係。

有時哥哥需要有人側錄他打鼓，他也會去找妹妹幫忙，請妹妹操鏡。有時哥哥要修頭髮，或者出門要做造型，這時她的兩個妹妹就很好用了。偶爾妹妹食物吃不完，為了避免浪費，就會請哥哥偷偷幫忙，吃光她盤子裡面的食物。

看到他們手足的互動，實在讓我感到安慰，因為這是過去年幼時的我所缺乏的手足之情，而這些缺憾，竟然能夠由我所生養的孩子們來滿足我，真是奇妙！

因為長期建立的穩固關係，平常儘管一家人各忙各的功課或是工作，至今還能看見他們發自內心主動的關懷彼此，這都讓我感到安慰不已。

印象很深，從小，每晚睡前若少了任何一個人，或是放學時間有誰還沒回到家，還是吃飯時間缺一個孩子，一定會有人問：「媽咪，誰誰誰怎麼還沒回來？」或者可能某人在傷心哭泣，另外兩個孩子就會過去關心、安慰他。

他們之間也很在意彼此的意見與看法，如果其中一個孩子對於某件事無法肯定時，他就會去問另外兩個孩子的意見。

我家小女兒只要每次完成一張自己設計的卡片，一定最先拿去給姊姊看，因為她欣賞姊姊在這方面的才華，所以得到姊姊的稱讚與肯定是第一要緊的。

他們其中若有人做了不妥的行為，另外兩人看見了也會立刻提醒勸告，用愛心說誠實話。為的就是避免這人沒看到自己的問題，若不小心犯錯必須承擔後果，這也是手足之間一種友愛的表現。

他們之間還培養了很多共同的興趣，這些年來已經累積了相當的默契。哥哥每次有了錄影片的 idea，需要臨時演員時，就會去找兩個妹妹，從討論劇本到互相掌鏡拍攝，大家一起玩、一起演，演完之後哥哥就會剪接，然後大家一起欣賞影片，總是看他們笑得好開心。

他們也是從小一起學音樂、學舞蹈，除了弦樂三重奏，他們還自學鼓、吉他、鋼琴、Bass，所以總是三個人湊在一起玩音樂，那種樂趣是他們彼此創造出來的，所以手足對他們來說相當重要，缺一不可！

連妹妹想要鍛鍊她的六塊肌，也會找哥哥陪她一起運動練身體，或者誰想玩桌遊或撲克，都要三個人才會有樂趣，有兄弟姐妹的好處，在此時顯露無遺。

每次他們陪我去逛街也

好，陪我去赴朋友的飯局，三個孩子總是會找屬於他們的共同話題，他們總是聊得比大人開心。或者我在購物時，他們會想辦法不離開我的視線，還能一起打發他們無聊的時間，很少催促我快點回家。

他們一起數過街上的車子、凡經過身邊的人，也或許聊聊他們共同的朋友，分享他們之間有趣的事。總之，他們永遠有聊不完的話，能在無趣的環境下，一起找出共同的樂趣。

我想，**打從他們一出生，我對他們同等的愛，就讓他們明白無需嫉妒彼此，也因為我給他們的愛很充足**，所以他們很有安全感，也很有自信的明白，每個人**都是家庭裡重要的一份子。**

我曾看過許多社會新聞，很多家庭的紛爭，手足自相殘殺，跟父母的偏愛有很大的關係，因此，家庭手足的和睦，永遠和父母的作法相關。要愛他們，就要愛得健康，手足之間無嫉妒紛爭，就是父母的另一份安慰了。

願意承擔責任是成長的開始

能自我約束，就是在學習負責

我家大女兒曾在家自學，所以無論她去哪裡都會抱著一台筆電。她每天有很多需要完成的事，包括線上課業學習、寫作業、打報告、放音樂敬拜上帝、娛樂等，筆電是她最便利的工具，也是她的玩具，同時能給她知識上的幫助，卻也容易成為她無法專注完成課業的試探。

有朋友曾經問我：「馬麻妳都不擔心嗎？她用電腦寫作業，萬一她寫到一半，然後開另外一個視窗看劇呢？」是啊！我當然知道，她偶爾確實會這樣啊！即使我知道，我的擔心或在背後的監視，難道就能完全遏止她上網做別的事，就只專心的完成作業嗎？NO!

更多自由，等於要負更多責任

我從小就不喜歡大人嘮叨，所以我也絕不用「嘮叨」或任何消極的監控方法來教養孩子。從孩子十歲以後，我就把他們當大人看待，給他們比過去多一點的自由，自己選擇學習方式、自己管理自己的時間、自己練習自我約束，也讓他們明白，如果他們不想被大人管，想和大人一樣能自己做決定的話，那麼除了要懂得管理自己之外，也要勇於承擔做決定的結果。

我的教養原則是，讓孩子們打從懂事以來就知道，想要享有更多自由，就要負更大的責任。負責任的觀念是我刻意灌輸的，果真如我所願，這些成熟的觀念已經深深的在他們的思想裡扎根，而**「盡力完成學生的本分」自然也成了他們在這個人生階段，唯一的目標了。**

過去我就曾偷偷觀察過大女兒巧妙一段時間，我親眼看到她在電腦寫作業，卻同時開另一個視窗找娛樂看。我當下忍住也沒阻止她，而她大方地在我面前邊讀書、邊看其他戲劇節目，或者邊讀書、邊聽音樂。

我當時很好奇她這種特別的讀書方法，所以問她：「妳覺得這樣讀書比較有效果嗎？」她說：「我其實不知道，但我只是想看，控制不住。」

我當下沒有多說，只有冷靜地離開她房間，讓她繼續做她正想做的。（我知道她對自

己的課業要求很高，我想讓她自己嚐點即將造成的後果。）

這樣隨性地讀書有兩個月左右的時間吧！那一季的成績單一公布後，她對自己的分數很懊惱，所以很後悔自己那兩個月太隨心所欲。拿到爛成績的事實也讓她久久無法釋懷，同時更是愧於面對我。

只是從此她學會更自制，除了只專注做一件事，更設鬧鐘控管自己的娛樂時間。她認真的規範自己，先把份內的功課做完，再用剩餘的時間去做其他的事了。

我覺得我的完全放手，是協助孩子學習負責最有效的方法。只要她能明白，那麼放手讓她自己學，不管她選擇使用什麼方式讀書，她也必能從結果中，一邊熟悉、一邊修正自己的讀書方法，學習負責。

所以放手讓孩子承擔責任吧，孩子會**為了要享有更多的自由和權利，相對的願意負擔更多的責任，如此，他們會成長得更快更好！**

如今我家大女兒因為升學課業忙碌，也不需要去約束她這個、那個，自然而然，她就知道該怎麼取捨，所以也不再對以往著迷的電視感到興趣了。

鼓勵孩子打工，訓練謀生能力

兒子從小就喜歡爵士鼓，在無師自通的狀況下，他玩出了一些心得，他不僅從兩歲半就常跟著父親到處演出、四歲上電視節目、六歲也在父親的演唱會當特別來賓表演爵士鼓，十一歲開始受邀在洋人的教會（Calvary Church in Surrey B.C）跟著教會的樂團一起演奏，一直到十四歲回到台灣時，也都在教會的敬拜團服事（合一基督教會），每年的寒暑假更會跟著我去演出。

剛開始有教會內的會友因為欣賞兒子的才華，所以主動提供兒子打工的機會，讓兒子教他們的孩子打鼓。後來教會也開了團體班邀兒子去教學，所以從十五歲開始，兒子就沒有跟我拿零用錢，因為他已經有固定的收入，可以自己管理負責了。

在自己打工賺錢的第一年，除了收入的十分之一奉獻給教會，其餘剩下的收入，他常常是有多少就花多少，我為了讓他學會理財，所以若他沒有控制好花費而超支金錢，我會刻意忍住不給他錢，讓他用後果來學習管理、節制。

就這樣練習了兩年，有時候我覺得兒子做得很好，但是有時候他確實還是會撒嬌的伸手跟我要錢。

我總是會找機會讓兒子去學習如何開源節流，陪他一起討論分析未來生活的任何可能性，讓「正確的觀念」隨時就內建在他的思想。

因為兒子還沒學會如何好好管理錢財，所以偶爾我還是感到無奈，怎麼他和兩個很會存錢的妹妹們這麼不同，只是這門為自己財務負責的功課確實不易，所以我只能更有耐心的在旁邊當他的教練，繼續指導他獨立了。

兒子二〇一七年年底申請到美國波士頓音樂學院（Berklee College of Music）的獎學金，也因為通過 GED（General Equivalency Diploma）美國高中同等學歷測試，所以已經提早從高中畢業。有半年的時間他不用再上學，只等著新學期上大學去。於是我又開始找機會刺激兒子的思考，希望他除了利用這段時間多充實自己，也藉由打工，學習儲蓄和一些社會的人際互動。

我給了兒子幾個問題思考：

1. **如果多出來的時間可以換金錢和經驗，你要不要？**
2. 時間過了回不去，**如果你每天的時間都花在玩樂，那麼一個月後你得到了什麼？失去了什麼？**（多花更多錢，耗掉所有時間，沒有金錢收入）
3. **時間很寶貴，如果一天二十四小時可以好好的平均分配，那麼你如何規劃？**（睡眠八小時，和家人相處三小時，自己娛樂或與朋友相聚三小時，讀聖經禱告二小時，工作八小時。）

4. **如果你好好分配時間，那麼你將會得到什麼？**（睡眠充足、和家人、朋友、上帝之間建立了良好關係、有了金錢的收入。）

最後，我問他，問題2和4，他想要哪一種結果？他思考過後回答：「4.好好的分配時間，用時間換取工作經驗和金錢」。所以當天，我就鼓勵兒子去巷口的便利商店面試，為了幫助他鼓起勇氣，我還以情境式的互動教學（我演店長和他對話），演完後，他真的就照著我和他演練的應答，勇敢的走到巷口的超商去找店長求職了。

沒想到十分鐘後，就收到他傳來的簡訊告訴我，他被錄取了，當週就開始上班。

第一天上班，雖然只有上四個小時，但是除了清潔打掃，店長再教他一些簡單的收銀、貨品上架的工作；第二天就上了八小時的班了。當我去超商偷看他上班時，真的感動到眼淚流出來，就好像有一種「努力撒種澆灌，終於看到結果」的感覺，因為兒子自幼在我不斷的觀念灌輸下，真的願意付出自己的時間和勞力勤勞工作，去換取應得的財物回報。

我想即使日後他一個人出國求學，我也會放心許多，因為就跟他去超商上班一樣，不用我教他什麼，他過去的待人處世經驗、邏輯判斷力，以及所學過的知識，讓他可以學會怎麼在外面生存。

對我這個做母親的而言，雖然有太多的捨不得，只是當**我願意放手讓寶貝兒子飛出去，也看到他獨當一面的畫面時，我知道這種「心安」，是用金錢也換不來的寶貴禮物。**

幸福在轉角

作　　者／施羽 Gracie
企畫選書／林小鈴
責任編輯／蔡意琪、潘玉女

業務經理／羅越華
行銷經理／王維君
總 編 輯／林小鈴
發 行 人／何飛鵬
出　　版／原水文化
台北市民生東路二段 141 號 8 樓
電話：（02）2500-7008　傳真：（02）2502-7676
E-mail：H2O@cite.com.tw 部落格：http://citeh2o.pixnet.net/blog/
發　　行／英屬蓋曼群島商家庭傳媒股份有限公司城邦分公司
台北市中山區民生東路二段 141 號 11 樓
書虫客服服務專線：02-25007718；25007719
24 小時傳真專線：02-25001990；25001991
服務時間：週一至週五上午 09:30 ～ 12:00；下午 13:30 ～ 17:00
讀者服務信箱：service@readingclub.com.tw
劃撥帳號／ 19863813；戶名：書虫股份有限公司
香港發行／城邦（香港）出版集團有限公司
香港灣仔駱克道 193 號東超商業中心 1 樓
電話：(852)2508-6231　傳真：(852)2578-9337
電郵：hkcite@biznetvigator.com
馬新發行／城邦（馬新）出版集團
41, Jalan Radin Anum, Bandar Baru Sri Petaling,
57000 Kuala Lumpur, Malaysia.
電話：(603) 90578822　傳真：(603) 90576622
電郵：cite@cite.com.my

美術設計／李京蓉
內頁繪圖／洪巧妙
製版印刷／科億資訊科技有限公司
初　　版／ 2018 年 5 月 17 日
初版四刷／ 2022 年 5 月 24 日
定　　價／ 330 元

幸福在轉角 / 施羽著 . -- 初版 . -- 臺北市 : 原水文化出版 : 家庭傳媒城邦分公司發行 , 2018.05
面；　公分
ISBN 978-986-96153-3-4(平裝)

1. 自我實現 2. 幸福 3. 生活指導

177.2　　107007159

ISBN: 978-986-96153-3-4

GLOBAL
NEW
TRENDS

聖經上說：

「教養孩童走當行的道，就是到老也不偏離。」

我在這裡祝福天下父母，

凡辛勤撒好種的，

願你們都能歡呼收割。

凡願在教育子女的事上耕耘的，

未來必能享受自己所栽種的好果。

我也在這裡祝福每一位凡讀過這本書的人，

願我們不停止學習、不停止成長，

藉此發現更多人生各階段的美好。

人生是一條不長不短的道路，

而理想和現實之間的差距，

是要靠努力將它拉近的。

一分耕耘、一分收穫，

幸福絕對屬於你和我。

于 2018.5.19